변호사
어떻게
되었을까
?

꿈을 이룬 사람들의 생생한 직업 이야기 32편
변호사 어떻게 되었을까?

1판 1쇄 찍음 2021년 04월 26일
1판 2쇄 펴냄 2022년 06월 28일

펴낸곳	㈜캠퍼스멘토
저자	홍승재
책임 편집	이동준 · 북커북
진행 · 윤문	북커북
연구 · 기획	오승훈 · 이사라 · 박민아 · 국희진 · 김이삭 · ㈜모야컴퍼니
디자인	㈜엔투디
마케팅	윤영재 · 이동준 · 신숙진 · 김지수
교육운영	문태준 · 이동훈 · 박흥수 · 조용근
관리	김동욱 · 지재우 · 임철규 · 최영혜 · 이석기 · 임소영
발행인	안광배

주소	서울시 서초구 강남대로 557 (잠원동, 성한빌딩) 9층 (주)캠퍼스멘토
출판등록	제 2012-000207
구입문의	(02) 333-5966
팩스	(02) 3785-0901
홈페이지	http://www.campusmentor.org

ISBN 978-89-97826-65-0(43360)

현직
변호사들을
통해 알아보는
리얼 직업
이야기

변호사
어떻게

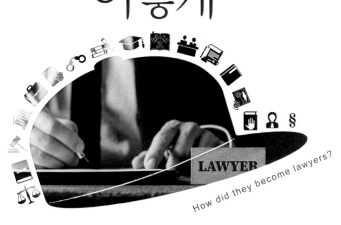

LAWYER

How did they become lawyers?

되었을까?

CampusMentor
캠퍼스멘토

"도움을 주신
변호사들을
소개합니다"

윤영석 변호사

- 현) 청주 국선전담변호사
- 수원 국선전담변호사, 공무원, 개업변호사
- 변호사(사법시험 제49회, 사법연수원 제39기)
- 서울대학교 법과대학원 박사
- 서울대학교 법과대학원 석사
- 연세대학교 법과대학 법학과
- 동암고등학교

홍승재 변호사

- 현) 법무법인 퍼스트
- 변호사(사법시험 제54회, 사법연수원 제44기)
- 서울대학교 법과대학원 박사과정 수료
- 서울대학교 법과대학원 석사
- 서울대학교 법과대학 법학과
- 한영외국어고등학교

김효전 변호사

- 현) 법무법인(유) 세종
- 변호사(제7회 변호사시험 합격)
- 성균관대학교 법학전문대학원
- 고려대학교 법과대학 법학과
- 보성고등학교

홍승은 변호사

- 현) 이화여자대학교 의과대학 조교수, 이대목동병원 법무실장 겸 고객만족실장
- 변호사(제3회 변호사시험 합격)
- 서울대학교 법학전문대학원
- 이화여자대학교 의학 박사
- 성형외과 전문의
- 이화여자대학교 의과대학
- 경기여자고등학교

김은지 변호사

- 현) 한화생명보험 법무팀
- 변호사(제3회 변호사시험 합격)
- 고려대학교 법학전문대학원
- 고려대학교 법과대학 법학과
- 한영외국어고등학교

안민지 변호사

- 현) 개인정보보호위원회
- 법무법인 퍼스트, 한국신용정보원
- 변호사(제4회 변호사시험 합격)
- 이화여자대학교 법학전문대학원
- 이화여자대학교 법과대학
- 경기여자고등학교

이 책의 구성

Chapter 1

변호사, 어떻게 되었을까?

Chapter 2

변호사의 생생 경험담

Chapter 3
예비 변호사 아카데미

변호사,

어떻게
되었을까
?

변호사란?

—

변호사는

당사자 혹은 기타 관계인이나 단체의 의뢰에 의하여 소송에 관한 행위 및 행정처분의 청구에 관한 대리행위와 기타 일반법률 업무를 수행한다.

또한 개인 간의 다툼에 관련된 민사사건과 범죄 사건에 관련된 형사사건이 발생할 경우 개인이나 단체를 대신해 소송을 제기하거나 재판에서 그들을 변호해 주는 활동을 한다.

출처: 커리어넷

■ 변호사 업무

- 변호사의 업무는 크게 송무와 자문으로 나뉘는데, 송무에서는 쉽게 말해 분쟁에 연루되거나 범죄를 저지른 의뢰인을 대리·변호하여 재판을 이끄는 역할을 하고, 자문에서는 주로 분쟁이 발생하기 전에 법적 문제가 발생하지 않도록 예방하는 역할을 한다.
- 민사소송사건, 조정사건, 비송사건, 행정소송사건 등에 있어서는 사건 당사자나 관공서의 의뢰·위촉을 받아 소송 등의 제기와 취하, 조정, 이의, 화해 등의 절차를 행하는 업무를 수행한다.
- 형사소송사건에서는 피고인 또는 피의자 등과의 접견, 관계서류 또는 증거물의 열람 및 등사, 구속취소 또는 보석과 증거보존의 청구, 구속영장실질심사 및 구속적부심의 청구, 법원이 행하는 증인심문과 감정에 참여하는 등의 업무를 수행한다.
- 전문적인 법률 지식을 통해 의뢰인에게 유리한 변론을 하고, 판결·결정에 불복하는 경우에는 심급에 따라 항소·상고 등의 절차를 밟는다.
- 증서에 관한 인증업무를 담당하는 공증업무를 수행하기도 한다.

출처: 커리어넷

다양한 분야의 변호사

• 사내변호사

사내변호사(社內辯護士)란 기업 내에서 법적 업무를 담당하는 변호사를 말한다.

일반적으로 기업법무팀에서 근무하나 다른 영역(회계,기술)에서도 근무한다. 현재 한국 사내변호사는 약 900여 명으로 파악되고 1800개가량의 상장회사 중 약 119개의 기업에서 한국 변호사를 채용하며 업무는 계약서심사 및 작성, 사내연수·공부회 등의 강사, 법률상담, 소송관리, 규제제정, 거래처 및 상대처와의 협상·섭외, 신규법률·판례에 관한 조사연구, 채권회수, 주주총회의 준비·개최, 법무부문 전체의 총괄·매니지먼트, 감독관청과의 협상·절충·대응, 소속 기업에 대한 변호사 조회 등이다. 사내변호사가 되기 위해서는 대부분의 회사가 국제거래를 하기 때문에 글로벌화된 기업환경에서는 영어와 회계 및 글로벌 마인드가 필수이며 법무실 이외에서 변호사로서의 장점을 살리기 위해서는 세무지식이 요구된다.

• 민사변호사

민사변호사는 개인 사이에 발생하는 법률적 절차를 담당하는 변호사를 말한다.

민사소송은 개인과 개인 사이에 일어나는 사법상의 권리나 법률관계에 대한 다툼을 법원이 국가의 재판권에 의하여 법률적, 강제적으로 해결하고 조정하는 절차를 말한다. 민사소송은 형사소송이나 행정소송과 달리 강제적 요소는 없지만, 개인 간 다툼을 종결하는 효력을 지닌다. 민사소송의 당사자는 서로 반대 입장에 놓인 원고와 피고로, 원고와 피고는 모두 변호사를 선임할 수 있다.

• 형사변호사

형사변호사는 형사사건에 연루되어 수사와 재판을 받는 과정에서 피고인에게 보장된 절차적 권리와 방어권을 행사하는 변호사를 말한다.

형사소송은 살인, 상해, 폭행, 성범죄 등 각종 범죄를 저지른 사람에게 국가의 형벌권을 실현하는 절차이다. 즉, 범죄 발생 시 수사기관이 이를 수사하고 체포·구금·압수·수색과 공소의 제기, 변호인의 선임, 재판과 판결의 선고에 이르기까지 형벌을 집행하게 되는 과정을 가리킨다.

• 가사변호사

가사변호사는 가정법원의 가사소송 절차를 담당하는 변호사를 말한다.

가사소송에는 이혼소송부터, 혼인취소, 이혼원인 손해배상청구소송, 재산상속, 친생자부존재확인(친자소송), 입양, 양육권, 재산분할 등 여러 가지 다양한 이유가 있다. 가사소송은 가사소송사건과 가사비송사건으로 구분된다. 소송사건은 양측의 대립성이 있어야 하고, 비송사건은 재판부의 직권으로 결정한다.

• 행정변호사

행정청의 위법한 행정처분에 대한 소송절차를 담당하는 변호사를 말한다.

행정소송은 공법상의 권리에 관한 국민의 권리구제 차원에서 그 손실을 보상하기 위하여 규정한 것으로, 행정소송의 대상이 되는 행정처분은 행정청 또는 그 소속기관이나 법령에 의하여 행정권한의 위임 또는 위탁을 받은 공공단체 등이 국민의 권리·의무에 관계되는 사항에 관하여 직접 효력을 미치는 공권력의 발동으로써 하는 공법상의 행위를 말한다. 행정소송의 예로는 각종 세금의 부과처분에 대한 취소소송, 운전면허취소·정지처분에 대한 취소소송, 산재보험급여부지급처분에 대한 취소소송, 공무원연금관리공단의 처분에 대한 취소소송, 공무원징계처분에 대한 취소소송, 영업허가취소·정지처분에 대한 취소소송, 수용재결처분에 대한 취소소송, 각종 거부처분에 대한 취소소송 등을 들 수 있다.

• 국제통상전문변호사

국제통사전문변호사는 각국의 반덤핑, 상계관세, 세이프가드 조치에 대한 대응과 국제통상분쟁해결을 담당하는 변호사를 말한다.

전 세계적으로 많은 국가들이 FTA 체결을 통한 무역 및 투자 자유화를 활발하게 추진하고 있으나, 다른 한편으로는 경기 불황으로 인해 여러 가지 형태의 보호주의 무역정책을 취하고 있는 것이 현실이다. 이와 같이 복잡한 글로벌 시장에서 수출입 기업의 대외 경쟁력을 제고하기 위해서는 세계무역기구협정(WTO), 자유무역협정(FTA), 양자투자보장협정(BIT) 등 국제통상법 규정은 물론 이와 관련된 국내 법령을 적극 활용할 필요가 있다.

• 재판연구원

재판연구원(裁判研究員)은 법원에서 판사를 도와 사건의 심리 및 재판에 관한 조사, 연구 등의 업무를 하는 법률 전문가를 말한다.

대한민국의 재판연구원 제도는 엄미의 로클럭(law clerk) 제도를 본떠서 2012년부터 시행되었다. 대한민국의 법원조직법 제53조의2에 따라, 법조인의 자격이 있는 자들을 전문임기제공무원으로 채용하여 각급 법원에 배치하고 있다. 현행 법원조직법상 재판연구원의 정원은 200명이고 최대 2년간 근무할 수 있으므로 매년 100명씩을 선발하고 있다. 재판연구원이 되려면 서류전형, 필기시험, 직무 및 인성면접 등 총 3단계의 전형 과정을 거쳐야 한다. 매년 배출되는 변호사의 수가 1500명가량인데, 그중 100명만 재판연구원으로 선발되고 있다. 이들은 법조일원화에 따른 경력 법관 임용에 있어서 선발이 매우 유력한 판사 후보군으로 꼽힌다.

출처: 위키백과, pmg 지식엔진연구소,블로그(징기스칸과 킹콩), 법무법인 화우

변호사의 자격 요건

─── 어떤 특성을 가진 사람들에게 적합할까? ───

- 사건에 대한 논리적 분석 능력을 지녀야 하며, 자신의 생각을 말과 글로 논리정연하게 표현할 수 있는 능력이 있어야 한다.
- 공정하고 정의롭게 행동하려는 자세와 의뢰인에게 신뢰감을 줄 수 있는 태도가 요구된다.
- 소송을 수행하면서 피의자, 의뢰인, 검사, 판사와의 관계를 잘 처리할 줄 알아야 한다.
- 사회형과 관습형의 흥미를 지닌 사람에게 적합하며, 신뢰성, 분석적 사고, 꼼꼼함 등의 성격을 지닌 사람들에게 유리하다.

출처: 커리어넷

▶ 변호사 자격(변호사법 제2장4조)

1. 사법시험에 합격해 사법연수원의 소정 과정을 마친 자
2. 판사 또는 검사의 자격이 있는 자
3. 변호사시험에 합격한 자

이 외에 변호사법의 주요 규정은 다음과 같다.
- 변호사로 개업하려면 대한변호사협회에 등록해야 한다.(제3장7조)
- 등록된 변호사는 국민의 기본적 인권의 옹호, 사회정의의 실현, 사회질서 유지 및 법률제도의 개선에 노력해야 할 사명이 있다.(제1장1조)
- 직무상 알게 된 비밀을 유지할 의무가 있다.(제4장26조)
- 계쟁권리의 양수, 독직행위나 변호사가 아닌 자와의 동업, 사건유치 목적의 출입 등이 금지된다.(제4장 32~37조)
- 공무원 겸직이 제한된다.(제4장38조)

출처: 두산백과

변호사와 관련된 특성

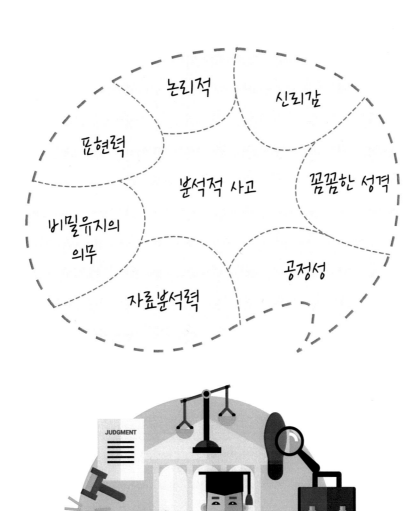

논리적

신뢰감

표현력

분석적 사고

꼼꼼한 성격

비밀유지의 의무

공정성

자료분석력

"변호사에게 필요한 자격 요건에는 어떤 것이 있을까요?"

톡(Talk)!
윤영석

꾸준한 인내심과 투철한 도덕심이 필요합니다.

로스쿨, 변호사시험, 사법연수원 과정에 이르기까지 가장 필요한 덕목은 인내심이라고 생각합니다. 제 생각에는 법조인이 되기 위해서 특별히 뛰어난 지능은 필요하지 않은 것 같아요. 오히려 많은 공부량을 묵묵히, 성실히 수행하는 인내심이 훨씬 중요하다고 봅니다. 또한 좋은 법조인이 되기 위해서는 무엇보다 투철한 도덕심이 필요합니다. 도덕심 없는 법조인은 세상에 큰 해악을 끼칠 수 있기 때문입니다. 언론을 통해서도 늘 확인할 수 있는 사실이죠.

톡(Talk)!
김효전

높은 학업성취도와 협업 능력이 요구됩니다.

법조인은 상당한 양의 공부를 해야 하는 직업이고, 또한 그러한 직업을 갖기 위해서는 특정한 대학교(대학원)에 진학을 해야 하기 때문에 무엇보다도 학업에 있어 높은 수준의 성취도를 이루는 것이 중요합니다. 또한 법조인의 경우 작문과 외국어(영어) 능력이 상당히 중요한데, 독서 및 어학연수 등을 통해 그러한 능력을 향상시키는 것도 좋을 것 같네요. 아울러 로펌 변호사는 일반적으로 팀을 이루어 업무를 수행하는 경우가 많은데, 어렸을 때부터 팀플을 경험할 수 있는 활동을 하는 것도 추천합니다.

톡(Talk)!
홍승재

인권과 사회정의에 대한 남다른 관심이 바탕입니다.

변호사법 제1조는 '변호사의 사명'이라는 제목으로 제1항에서 '변호사는 기본적 인권을 옹호하고 사회정의를 실현함을 사명으로 한다.', 제2항에서 '변호사는 그 사명에 따라 성실히 직무를 수행하고 사회질서 유지와 법률제도 개선에 노력하여야 한다.'고 규정하고 있습니다. 앞으로도 저는 늘 위와 같은 변호사의 사명을 가슴 깊이 새기면서 변호사로서의 엄숙한 사명을 성실히 수행해나가도록 노력하겠습니다.

톡(Talk)!
홍승은

사람에 대한 애정과 이해심이 무엇보다 중요합니다.

방대한 지식을 습득해야만 하는 과정이어서 당연히 끈기와 배우려는 자세가 중요합니다. 무엇이 문제인지 파고들어야 하고, 그것을 명확히 해결하려는 자세도 필요하고요. 의사는 청진기, 변호사는 펜이라고 할 수 있을 만큼 글을 쓰는 능력이 변호사에겐 중요한 자질이라고 할 수 있죠. 결국 변호사도 사람을 대하는 일입니다. 상대방을 이해하고 설득시킬 수 있어야 하는데 이는 결국 사람에 대한 이해와 관심에서 시작됩니다. 만약 사람에 대한 애정보다 자신의 안일과 재물이 목적이라면 저는 변호사를 추천하고 싶진 않습니다.

무엇보다도 열정과 도전정신을 갖춰야 합니다.

　변호사가 되기 위한 필수 덕목은 열정, 도전정신, 그리고 적극적으로 노력하는 자세라고 생각합니다. 법학전문대학원 커리큘럼을 소화해내고 변호사시험에 합격하기 위해서는 엄청난 공부량을 감수할 수 있어야 하고, 참을성과 의지가 있어야 이겨낼 수 있습니다. 또한 변호사에게 있어서 서면을 작성하고 판례나 논문 등을 찾아 여러 전략을 짜는 과정들은 열정과 도전정신, 적극적 자세가 없으면 불가능하리라 생각합니다.

꾸준하고 성실한 태도로 학업에 임해야 합니다.

　현재 전국에 총 25개 학교에 로스쿨이 있으며 학교마다 조금씩 전형에 차이는 있으나 대부분 법학적성시험 성적과 대학교 학부성적, 공인영어시험(토익, 토플, 텝스 등) 점수, 그 외 관련 활동 등을 종합적으로 고려하여 학생을 선발하게 됩니다. 저의 경우, 다행히 대학 성적이 매우 좋은 편이었고 법학적성시험 결과도 잘 나왔죠. 그래서 장학금을 받는 조건으로 제 출신대학의 로스쿨에 입학하게 되었답니다.

내가 생각하고 있는 변호사의 자격 요건을 적어 보세요!

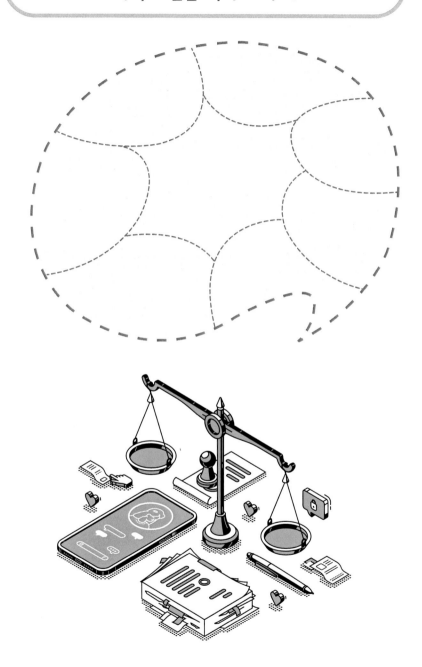

변호사가 되는 과정

 준비방법

변호사가 되기 위해서는 법학전문대학원(로스쿨)에서 3년(6학기) 동안 교육과 실습을 받은 뒤 변호사시험에 합격해야 한다. 법학전문대학원에 입학하기 위해서는 학사 이상의 학력이 요구되며, 법학적성시험(LEET) 성적과 일정 수준 이상의 공인영어성적이 있어야 한다.

2 관련 자격증

변호사가 되기 위해서 법학전문대학원(로스쿨)을 졸업한 경우, 법무부 변호사시험에 통과하여 변호사 자격을 취득해야만 한다.

출처: 커리어넷

3 법학전문대학원[로스쿨]

법학전문대학원(法學專門大學院) 또는 로스쿨(law school)은 보통 미국과 캐나다에서 운영되는 형태의 3년제 법학전문대학원을 말한다. 대한민국도 2007년 기존의 사법시험과 사법연수원을 폐지하고 법학전문대학원에서 법조인을 양성하는 것으로 하는 법안을 통과시켰다. 2008년 첫 법학적성시험실시로 2009년부터 대한민국 첫 로스쿨이 시작되었다.

대한민국의 법학전문대학원은 대한민국에서 3년 과정으로 법조인 양성하기 위하여 세워진 전문대학원을 말한다. 1995년 5·31 교육개혁안 발표 때 처음 논의되었지만 표류하다가 2007년 7월 3일 관련 법률 통과로 2009년에 법학전문대학원이 개원했다. 현재의 사법시험은 2017년에 폐지되고 변호사시험은 법학전문대학원 과정 이수자에 한해서 응시할 수 있다.

총 25개의 국내 대학이 인가받아 운영 중이다.

- 입학조건
  - 4년제 대학 학위 또는 동등 학력으로 인정된 자에 한한다. 대학과 학과에 제한이 없으므로 4년제 대학이라면 어느 곳을 졸업하든 입학에 제한이 없다.
  - 법학적성검사 LEET
    언어이해, 추리논증, 논술 세 과목으로 구성되어 있으며, 언어이해, 추리논증은 객관식 5지 선다형으로 각각 35문항씩 구성되어 있다. 논술의 경우는 서답형으로 2문항이 출제되고 있다.
  - GPA
    GPA란 학부(대학)성적으로 평점의 최소기준을 제시하고 있으며, 이 기준은 지원자격의 하한선이다.
  - 공인외국어
    외국어 능력을 '토익'/'토플'/'텝스'로 평가한다. 대학별로 반영하는 시험이 다르며 반영비율 역시 상이하다.
  - 면접/논술/기타
    이는 대학별로 진행하는 경우도 있고 일부만 진행하는 경우도 있다.

- 정원
  고등법원 소재지 관할 지역을 기준으로 전국을 5개 권역(서울권·대전권·대구권·부산권·광주권)으로 나누어 할당하였다. 25개 법학전문대학원의 총 정원은 2,000명이다.

권역	광역자치단체	인가 대학교	입학 정원
서울권	서울특별시	서울대학교	150명
		고려대학교	120명
		성균관대학교	120명
		연세대학교	120명
		이화여자대학교	100명
		한양대학교	100명
		경희대학교	60명
		서울시립대학교	50명
		중앙대학교	50명
		한국외국어대학교	50명
		건국대학교	40명
		서강대학교	40명
	강원도	강원대학교	40명
	인천광역시	인하대학교	50명
	경기도	아주대학교	50명

대전권	대전광역시	충남대학교	100명
	충청북도	충북대학교	70명
대구권	대구광역시	경북대학교	120명
	경상북도	영남대학교	70명
부산권	부산광역시	부산대학교	120명
		동아대학교	80명
광주권	광주광역시	전남대학교	120명
	전라북도	전북대학교	80명
		원광대학교	60명
	제주특별자치도	제주대학교	40명
5개 권역	13개 광역자치단체	25개 대학교	2,000명

변호사의 좋은 점·힘든 점

톡(Talk)!
윤영석

| 좋은 점 |
비교적 자유로운 분위기에서
전문분야에 몰입할 수 있습니다.

제가 맡고 있는 국선전담변호사 직무는 변호사 업계에서도 상당히 특이한 영역에 속합니다. 개업변호사이면서도 개업변호사의 주요 활동인 영업은 거의 하지 않죠. 배당되는 사건만을 처리하기 때문에 좋은 점이 있습니다. 일단은 업무처리와 연구에 집중할 수 있고 형사사건이라는 한정된 분야에서 전문성을 쌓을 수 있습니다. 시간 활용이 비교적 자유로운 편이고 모든 형태의 형사사건을 접할 수 있죠. 이러한 장점을 십분 활용하고자 대학원에 진학하여 형사사법 분야를 깊이 공부했답니다. 만약 일반 변호사사무실 혹은 개업변호사 활동을 했더라면 대학원에 진학할 생각을 못 했을 것 같습니다.

톡(Talk)!
김은지

| 좋은 점 |
전문성으로 인해 자신에 대한 자긍심이 높아집니다.

변호사는 판, 검사보다 비교적 활동할 수 있는 영역이 넓고 다양하다고 생각합니다. 또한 회사 내에서 법적 분쟁이 될 만한 사안들을 주도적으로 예방하고 해결해나가는 전문성도 자긍심을 부추깁니다.

톡(Talk)!
홍승재

| 좋은 점 |

다양한 공익활동을 통해서 보람을 느낍니다.

제가 맡은 사건을 잘 해결해서 의뢰인들로부터 고맙다는 말을 들을 때 변호사로서 가장 큰 보람을 느낍니다. 소개받고 찾아오신 의뢰인이 저의 성실한 업무태도와 진심을 전해 듣고 오시는 경우가 있는데, 그때의 기쁨과 감사한 마음은 이루 다 말할 수 없습니다. 한편 저는 공익활동에도 관심이 많아서 다양한 공익활동을 하고 있어요. 변호사의 조력을 받기 어려운 사회적 약자의 권리 보호와 증진에 조금이나마 보탬을 줄 수 있다는 것이 가장 큰 장점이라고 봅니다.

톡(Talk)!
김효전

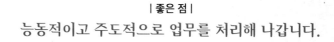

| 좋은 점 |

능동적이고 주도적으로 업무를 처리해 나갑니다.

법률전문가로서 소신 있게 능동적으로 업무를 처리할 수 있다는 것이 가장 큰 장점이라고 생각합니다. 적절하게 변론을 하여 승소를 했을 때 보람도 무척 크고요. 또한 사회적으로 이슈가 되는 사건을 제 손으로 직접 처리한다는 것 자체가 매우 드문 기회이며, 또 그런 일을 잘 해결했을 때의 성취감은 굉장히 큽니다.

톡(Talk)!
홍승은

| 좋은 점 |
의료 변호사로서 병원 경영에 도움을 주니 흐뭇합니다.

의사로서 의료진 및 관련 부서에 법률을 자문하고 있다는 것 자체가 흐뭇합니다. 그리고 법무행정 지원을 하면서 병원 경영에 도움이 되고 있다는 것이 더없이 큰 보람이고요. 저 스스로가 병원에서 근무하기 때문에 의료 사고의 경우, 발생에서부터 해결까지의 전 과정을 보게 됩니다.

톡(Talk)!
안민지

| 좋은 점 |
회사 내에서 사내변호사의 존재감이 큽니다.

무엇보다 변호사의 말에 사람들이 귀 기울이고 존중해주는 점이 큰 장점입니다. 특히 사내변호사로 근무할 때는 회사 내에서의 존재감이 로펌보다 크다는 느낌입니다. 회사 전체 구성원 중에서 변호사의 비율이 극소수이기도 하고, 모든 임직원이 변호사의 의견에 굉장한 관심을 보이기도 합니다. 회사의 주요 업무들의 적법성을 검토하여 기관장·전무·상무 등 임원에게 직접 보고한다는 점이 큰 자부심과 보람이죠.

| 힘든 점 |
업무량과 노력에 비해 처우가 좋지 않습니다.

국선전담변호사로 일하다 보니 다른 분야에 대한 지식과 감각을 조금씩 잃어가고 스스로 사건을 찾아오는 능력이 떨어진다는 점입니다. 또한 노력과 수고에 비해 대우가 그리 좋지는 않다는 것도 단점이라 할 수 있죠. 전체 변호사 업계 대비로 본다면 평균 정도의 보수를 받는다고 할 수 있지만, 업무량에 비하면 대우가 좋은 편은 아닙니다. 그렇기 때문에 사명감이나 목적의식, 자신이 하는 일에 대한 확신이 없으면 버텨내기가 힘들 수도 있지요. 또한 다양한 사람들을 만나게 되는데, 다들 나름대로의 고민과 문제가 있는 사람들이기 때문에 사람을 대하면서 스트레스를 받기 쉽답니다. 상대방을 설득할 때도 있고, 필요한 경우에는 상대방과 대립할 때도 있습니다.

| 힘든 점 |
끊임없이 배우고 적응해야 하는 것이
스트레스가 될 수 있습니다.

일단 변호사가 되기 위해선 치열한 경쟁 속에서 상당한 양의 공부를 소화해내야 합니다. 물론 변호사가 되고 나서도 끊임없이 배워야 한다는 점도 스트레스가 될 수 있겠죠.

| 힘든 점 |
상당한 업무량으로 인해
개인적인 시간을 확보하기 어렵습니다.

로펌의 경우 업무량이 상당히 많은 편인데, 가족과 함께 지낼 수 있는 시간이 매우 적다는 점이 단점이라고 생각합니다. 또한 열심히 노력을 했음에도 불구하고 패소를 했을 경우, 스트레스가 상당히 큰 편입니다.

| 힘든 점 |
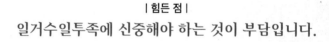
일거수일투족에 신중해야 하는 것이 부담입니다.

법률전문가라는 직업 특성상, 제 말 한마디가 다른 사람들에게 끼치는 영향력이 매우 큽니다. 그렇기에 항상 신중하게 생각하고 판단해야 한다는 점이 때때로 부담으로 다가오죠. 변호사가 되기 전에는 친구들이랑 웃고 떠드는 걸 좋아하고 맛집 다니는 게 인생의 낙이었답니다. 하지만 변호사로서의 대부분 시간은 중대한 결정을 해야 하는 고객들 앞에서 법률을 조언해야 하기에 가벼운 모습을 보이면 안 됩니다. 실제로 선배 변호사들로부터 변호사의 옷차림이나 머리모양, 심지어 표정과 말투까지도 단정해야 한다는 조언도 많이 들었죠.

톡(Talk)!
홍승은

| 힘든 점 |
의료사건에선 환자와 의료진 모두가 힘겹습니다.

의료분쟁이 발생할 경우, 의료 특성상 배상이 결정된다 하더라도 지급되는 금액은 한정적입니다. 앞으로 지니게 될 후유증에 비해 적은 배상금을 받는 환자는 속상해하는 한편, 의료진 입장에선 과실을 인정하기 어려운 상황도 종종 있거든요. 이렇듯 의료사건의 경우 양측 모두를 만족시키기 힘듭니다.

톡(Talk)!
김은지

| 힘든 점 |
치열한 공부와 경쟁이 건강을 해칠 수 있습니다.

일단 변호사가 되기까지 성적에 대한 압박감과 치열한 경쟁이 단점이라고 할 수 있겠죠. 상대평가 제도이기 때문에 모두가 경쟁자입니다. 저는 변호사 자격을 취득하는 과정에서 건강에 문제가 생기기도 했답니다. 그리고 늘 법률전문가로서 끝없이 공부하면서 소통과 협업 능력에도 신경을 써야 합니다.

변호사 종사 현황

◆ 종사 현황

변호사 종사자 수는 16,000명이며, 법에 대한 국민의 인식 향상과 법을 통한 분쟁 해소 그리고 배출된 변호사의 증가로 인해 수임료가 낮아지고 있다. 따라서 법률서비스를 받으려는 수요자의 문턱이 낮아져 수임건수가 증가하고 있기 때문에 향후 10년간 고용은 연평균 2.3% 증가할 것으로 전망된다.

출처: 워크넷 직업정보 2019년 7월 기준

변호사는 남성 비중이 높으며, 30대가 41.9%를 차지하여 가장 비중이 높았으며, 60대 이상의 비중도 10.5% 수준을 나타냈다. 변호사의 학력은 대졸 이상이 100%였으며, 월평균 중위임금은 700만 원으로 나타났다.

◆ 직업 전망

향후 10년간 변호사의 고용은 증가할 것으로 전망된다. 「2016~2026 중장기 인력수급전망」(한국고용정보원, 2017)에 따르면 변호사는 2016년 약 16,000명에서 2026년 20,000명으로 향후 10년간 4,000명(연평균 2.3%)정도 증가할 것으로 전망된다. 법무부 자료에 의하면 2017년 개업 변호사는 15,954명으로 2007년 8,143명에 비해 96%(연평균 7.0%) 증가하였다. 법학전문대학원 졸업자가 변호사 시험에 합격하면서 매년 약 1,700명가량 변호사의 개업이 이루어지고 있다. 한편 변호사업 사업체 수의 증가로 경쟁이 격화되고 수익성이 떨어져 일반기업에 취업하는 등 비개업 변호사의 비중도 높아지고 있다. 2007년 전체의 12.3%이던 비개업 변호사 비중은 2014년 14.7%로 높아졌다.

• 변호사의 연도별 증감

연도	2007	2008	2009	2010	2011	2012	2013	2014
등록인원	9,280	10,187	11,016	11,802	12,607	14,534	16,547	18,708
개업	8,143	8,895	9,612	10,263	10,976	12,532	14,242	15,954
비개업	1,137	1,292	1,404	1,539	1,361	2,002	2,305	2,754

자료: 법무부, 2015년 법무연감

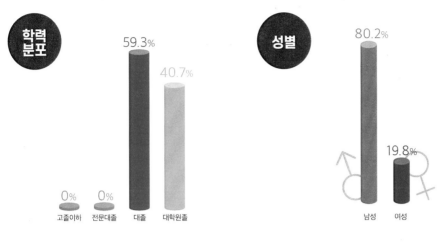

학력분포

- 고졸이하 0%
- 전문대졸 0%
- 대졸 59.3%
- 대학원졸 40.7%

성별

- 남성 80.2%
- 여성 19.8%

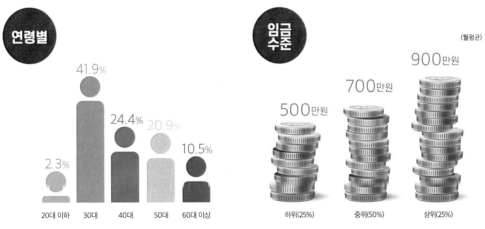

연령별

- 20대 이하 2.3%
- 30대 41.9%
- 40대 24.4%
- 50대 20.9%
- 60대 이상 10.5%

임금수준

(월평균)

- 하위(25%) 500만원
- 중위(50%) 700만원
- 상위(25%) 900만원

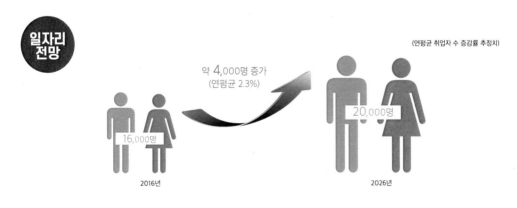

일자리전망

(연평균 취업자 수 증감률 추정치)

약 4,000명 증가
(연평균 2.3%)

- 2016년 16,000명
- 2026년 20,000명

자료: 통계청(2017), 『지역별고용조사』

변호사의

생생
경험담

미리 보는 변호사들의 커리어패스

윤영석 변호사   동암고등학교,
연세대학교 법과대학
법학과   서울대학교 법과대학원 석사,
서울대학교 법과대학원 박사

홍승재 변호사   한영외국어고등학교,
서울대학교 법과대학
법학과   서울대학교 법과대학원 석사,
서울대학교 법과대학원 박사
과정 수료

김효전 변호사   보성고등학교   고려대학교 법과대학 법학과
성균관대학교 법학전문대학원

홍승은 변호사   경기여자고등학교,
이화여자대학교 의과대학,
성형외과 전문의   이화여자대학교 의학 박사,
서울대학교 법학전문대학원

김은지 변호사   한영외국어고등학교   고려대학교 법과대학 법학과
고려대학교 법학전문대학원

안민지 변호사   경기여자고등학교   이화여자대학교 법과대학,
이화여자대학교 법학전문대학원

변호사(사법시험 제49회, 사법연수원 제39기) 수원 국선전담변호사, 공무원, 개업변호사	청주 국선전담변호사
변호사(사법시험 제54회, 사법연수원 제44기)	법무법인 퍼스트
변호사(제7회 변호사시험 합격)	법무법인(유) 세종
변호사(제3회 변호사시험 합격)	이화여자대학교 의과대학 조교수, 이대목동병원 법무실장 겸 고객만족실장
변호사(제3회 변호사시험 합격)	한화생명보험 법무팀
변호사(제4회 변호사시험 합격) 법무법인 퍼스트, 한국신용정보원	개인정보보호위원회

교육자 출신의 부모님께선 어린 시절부터 논리적인 사고와 더불어 분명한 자기주장을 강조하셨다. 어릴 적부터 몸이 약했었고 설상가상으로 고등학교 졸업학년에는 대학 진학을 앞두고 다리를 크게 다치기도 했다. 어려움을 딛고 법학과에 진학하였으나 법조계로 진출하고자 하는 계획은 없었다. 하지만 법학과 동기들의 영향을 받아 자연스레 사법시험을 준비하게 되었다. 사법시험에 합격하고 연수원에서 생활하는 동안 변호사의 길을 결정하게 되었다. 여러 법 분야 중에서 주로 형사법에 관심을 갖게 되었고 현재 11년 차 변호사다. 변호사로서의 경력 대부분을 형사법 분야에서 쌓았고 대학원에서도 형사법을 연구하여 박사학위를 취득했다. 주요 관심 분야는 형사법, 첨단기술, 법심리학, 법생물학, 국민참여재판 등이다.

- -

윤영석 변호사

현) 청주 국선전담변호사
- 수원 국선전담변호사, 공무원, 개업변호사
- 변호사(사법시험 제49회, 사법연수원 제39기)
- 서울대학교 법과대학원 박사
- 서울대학교 법과대학원 석사
- 연세대학교 법과대학 법학과
- 동암고등학교

변호사의 스케줄

윤영석 변호사의 **하루**

21:00 ~ 24:00
▶ 자유시간, 휴식
(재판 준비 병행)
▶ 취침

06:30 ~7:30
▶ 기상
▶ 출근 준비
07:30 ~9:00
▶ 독서 (출근길 버스 안)

19:00 ~ 20:30
▶ 독서 (퇴근길 버스 안)
20:30 ~ 21:00
▶ 저녁식사

09:00 ~ 10:00
▶ 재판 준비
(주로 서면 작성)
10:00 ~ 12:00
▶ 오전 재판

13:00 ~ 16:00
▶ 오후 재판
16:00 ~ 19:00
▶ 재판 준비 주로 면담시간

12:00 ~ 13:00
▶ 점심식사
(생략할 때도 있음)

모든 경험을
공부의 기반으로
전환하다

▶ 유년 시절

▶ 유치원 시절

▶ 초등학교 시절

Question 어린 시절 부모님의 훈육방식에 좋은 영향을 받으셨나요?

부모님께서는 대체로 제가 하는 일에 간섭을 많이 하지 않으시고 저에게 많은 요구를 하시거나 공부를 시키지는 않으셨습니다. 학원도 피아노학원 이외에는 다녀 본 경험이 없습니다. 다만 부모님께서는 저에게 항상 자신의 주장을 분명히 하고, 논리적으로 사고 하는 연습을 시키셨던 기억이 납니다. 어린 나이에 그렇게 행동하기가 쉽지 않았지만, 이때의 연습이 이후의 삶에 상당한 도움이 되었던 것 같아요. 부모님은 모두 교육자 출 신이셔서 내심 저도 교육 업무에 종사하기를 희망하셨을 겁니다. 하지만 부모님은 대체 로 저의 진로에 간섭하지 않으시고 뒤에서 묵묵히 응원해 주시는 편이었죠. 제가 어떤 선택을 하든 물심양면으로 지원해 주신 부모님께 늘 감사한 마음입니다.

Question 학창 시절 학업에 전념하시게 된 계기가 무엇이었나요?

중학교 2학년 때까지는 성적이 그리 좋지 않았던 평범한 학생이었습니다. 그런데 중 학교 3학년이 되어서 매우 열심히 하는 친구와 짝이 되었고, 친구를 따라 책상에 앉아 있는 습관을 들이게 되었죠. 공부시간을 늘리다 보니 공부를 잘하게 되었고, 공부를 잘 하게 되니까 공부에 더욱 흥미를 느끼게 되었고요. 덕분에 성적도 조금씩 올라갔답니다. 서로 자극이 될 수 있는 좋은 친구를 사귀는 것은 참 중요한 일인 것 같습니다.

다만 학창 시절 내내 몸이 약했고, 설상가상으로 고등학교 3학년 때는 다리를 크게 다 치면서 수험 기간 일관되게 공부에 집중하지 못했던 것은 아쉬움으로 남아 있습니다.

학업 외에 다양한 경험을 많이 쌓으라고요?

무엇보다 많은 경험을 쌓는 것이 중요하다고 생각해요. 독서, 여행, 친구와의 대화, 공부 등이 모두 소중한 경험이 될 수 있습니다. 학생으로서는 무엇보다 공부에 매진해야 하겠지만, 꼭 책을 보는 것만이 공부는 아니라고 생각합니다. 저의 경우 대학교 입학 초기에 도서관에 가서 매일 영화나 만화 1~2편씩을 감상했습니다. 그때 보았던 영화들이 지식이 되어 지금까지 머릿속에 남아 있습니다. 그리고 전공과는 전혀 관계없는 홈페이지 만들기 수업을 들었던 것도 기억이 납니다. 전혀 지식이 없던 분야였기 때문에 고생을 하기도 했지만 나중에 혼자 힘으로 만들어 낸 개인 홈페이지를 보며 뿌듯해했던 기억이 있습니다.

고등학교 때까지는 학교공부 이외에 별다른 경험을 하지 못했고 제대로 놀아 보지도 못해서 대학 때는 노는 것도 잘해보려고 했습니다. 대학 수업이 끝나거나 수업 중간에 시간이 비면 한참 동안 컴퓨터 게임에 몰두하기도 하였습니다. 종류를 가리지 않고 여러 게임을 접해서 나중에는 컴퓨터 용량이 부족할 정도였습니다. 지금 생각하면 약간 무분별하게 놀지 않았나 하는 후회도 있지만, 그래도 잊지 못할 즐거운 경험이었습니다.

학창 시절부터 진로에 대한 준비를 충분히 하셨나요?

아쉽게도 어린 시절부터 체계적으로 진로에 대해 고민하고 체험할 수 있는 기회는 갖지 못했습니다. 고등학교 때까지도 변호사로 활동해야겠다는 생각을 거의 하지 않았죠. 다만 막연하게 다른 사람들을 도울 수 있는 일, 그리고 공부를 많이 할 수 있는 일을 하고 싶었답니다. 저와 같은 시기에 학창 시절을 보낸 학생들이 대부분 그렇듯이, 시험 성적에 맞추어 진학과 진로를 결정했었죠.

그래도 막연하게나마 논리적으로 표현하는 연습을 수시로 하였고, 교과서 이외에 많은 책을 읽으려 노력하였습니다. 이러한 영향들이 쌓여서 나중에 진로를 결정하거나 업무를 수행할 때 도움을 주는 것 같습니다.

원래 역사학자를 꿈꾸었습니다. 동양과 서양의 역사적 관계에 관심이 많았고 중고등학교 때에 이와 관련된 책을 읽는 데 푹 빠져 있었습니다. 여러 서적을 읽으면서 역사란 정말 재미있는 것이라고 느끼게 되었고, 고등학교 졸업이 임박할 때까지도 역사학 관련 학과에 진학할 생각이었습니다. 막상 대학에 온 이후에는 관련된 책을 읽거나 공부를 많이 하지 못했던 아쉬움이 있습니다. 또 역사학자가 되는 길에 대해 안내해 준 선배님이나 선생님도 찾기 어려웠습니다.

좀 더 많은 정보를 갖고 진로를 정했다면 다른 길을 선택했을 수도 있을 거라는 생각도 드네요. 어쨌든 법조인의 길로 접어든 계기는 대학 시절 친구들의 영향이 가장 결정적이었습니다. 친하게 지내던 친구들이 모두 법에 관심이 있었고, 법조인을 꿈꾸었기 때문에 저 역시 같은 길을 희망하게 되었습니다. 인격과 가치관이 형성되는 10대, 20대 초반에 누구와 함께 시간을 보내느냐가 인생 전체에 큰 영향을 미치는 것 같습니다.

여담이지만 지금도 역사학에 대한 흥미는 계속 갖고 있습니다. 얼마 전에는 한국사를 공부해서 한국사능력시험 1급을 취득하기도 했습니다. 또 세계사에도 관심이 있어서 개인적으로 관련 책을 구해 읽고 있습니다. 법학 역시 세계의 역사와 밀접한 관련을 갖고 있는 만큼, 역사를 공부하는 것은 곧 법학을 공부하는 것의 연장선에 있는 것 같습니다.

저질체력을
성실과 인내로
넘어서다

▶ 대학원 학위수여식

제 36 호

위 촉 장

사시합격자 윤영석

귀하를 제50회 사법시험 제1차시험
검토위원에 위촉합니다

2008년 2월 20일

법 무 부 장

▶ 사법시험 검토위원 위촉

▶ 수원지방법원 법원의 날 행사

Question 진로를 법대로 정한 특별한 계기가 있으셨나요?

하나의 결정적인 사건을 계기로 변호사의 길에 들어선 것은 아닙니다. 주어진 일을 수행하다 보니 다음 단계의 목표가 자연스레 생기게 되었고 그 목표를 달성하기 위해 노력하다 보니 법조인이 되어 있더라고요. 처음에는 법학에 대해서 막연한 흥미가 있었던 것 같아요. 세부전공을 정할 때가 되자 여러 전공을 탐색하는 도중에 주변 친구들의 권유로 법학과에 진학하게 되었습니다.

Question 법학과에 진학한 이후에
진로에 대한 갈등은 없으셨나요?

법학과에 입학했지만 사법시험에 응시한다거나 변호사가 돼야겠다는 구체적인 계획은 없었죠. 그런데 들어와 보니 대부분의 학생들이 사법시험을 준비하는 분위기였고 학과과정도 그에 맞추어 진행되고 있었습니다. 학과의 여러 행사나 특강도 사법시험 위주로 짜여져 있었고요. 이런 분위기에 적응하며 살다 보니 자연스레 사법시험 준비를 시작하게 되었고 남들이 하는 대로 고시학원과 고시촌에 들락거리면서 어느덧 전업 고시생이 되어 있었답니다.

다른 학문도 비슷하겠지만 법학은 첫 입문이 상당히 어려운 과목입니다. 그래서 저 또한 초반에 굉장히 심한 방황을 했습니다. 처음 법학 교과서를 사서 읽어 보는데 한 마디도 이해할 수가 없었습니다. 또 법학 특성상 책에 한문이 많이 쓰여 있어서 이해는커녕 읽어내기도 어려운 지경이었습니다. 거의 1년 넘게 법학이 적성에 맞는지 고민에 고민을 거듭하였고, 이 시기에 다른 과목을 잠시 공부하기도 하였습니다. 다시 법학을 공부하기로 마음을 다잡은 것은 역시 친구들의 격려와 조언이 큰 도움이 되었습니다. 친구들과의 대화를 통해서 초반에 어려움을 겪는 것이 나 혼자만이 아니라는 것을 알게 되었고, 꾸준히 공부를 쌓아 나간다면 언젠가 법학을 극복할 수 있으리라는 느낌을 받았습니다. 그 덕분에 무사히 사법시험까지 합격할 수 있었습니다.

Question 대학 졸업 후에 사법시험 준비는 무난하셨나요?

　사법시험 공부를 하던 중, 졸업을 일찍 할 것인지 미룰 것인지 고민을 많이 했던 기억이 납니다. 전업 수험생은 사실상 무직자와 같은 처지이기 때문에 학생 신분을 유지하면서 공부를 하는 것이 좋지 않을까 하는 고민을 했던 것 같아요. 하지만 결국 학교를 졸업하고 수험생 신분으로 시험에 전념하기로 결심했습니다. 외로운 길이었지만 결과적으로 옳은 선택이었던 것 같아요.

　누구나 그렇겠지만 사법시험 준비는 결코 쉽거나 즐거운 일이 아니었습니다. 공부가 잘 되지 않거나 학원 모의고사 점수가 낮은 날에는 마음이 심란해서 고시촌을 한참 동안 배회하기도 했습니다. 시험에 떨어진 날에는 혼자 방에서 흐느껴 울었던 기억도 납니다. 그래도 좌절이나 슬픔을 최대한 떨치고 공부를 계속해나가기 위해 노력했습니다. 스트레스를 푸는 방법은 사람마다 다르겠지만 저는 주로 산책으로 극복했습니다. 또 하루 공부를 마친 후에는 방에 돌아가서 게임방송국 방송을 30분 정도 시청하였습니다. 잠깐씩 맛보는 즐거움이 긴 수험기간을 잘 보낼 수 있게 해 준 것 같습니다.

Question 사법연수원의 생활은 어떠셨나요?

　연수원 과정은 힘들지만 동시에 즐거운 과정이었습니다. 연수원 과정도 하나의 수험기간이기 때문에 매일 조금씩이라도 공부를 하는 것이 중요했습니다. 다만 연수원은 전업 수험생이 아니라 일을 하는 공무원 신분이기 때문에 공부 이외에 여러 가지 수행하여야 할 업무들도 많답니다.

　체육대회, 봉사활동, 반 엠티 등 사회인으로서 참여해야 하는 업무도 빠뜨리지 않으면서 공부도 함께 하는 것이 저에게는 참 어려웠습니다. 그래도 공부만 하는 연수생이라는 소리를 듣지 않기 위해 각종 행사에 꾸준히 참여하려 노력하였습니다. 지금도 기억나는 것은 체육대회에서 계주 경기를 했던 경험인데, 경기장에서 관중들이 보는 가운데 달리

기를 해본 것이 처음이었기 때문에 굉장히 긴장했었습니다.

또 봉사활동도 여러 번 참여했습니다. 법률상담 봉사활동도 여러 번 했지만 무엇보다 뿌듯했던 것은 태안에 가서 기름유출 사고를 수습하는 활동을 한 일입니다. 오랜만에 연수원을 떠나서 외부활동을 한 것도 좋았고, 환경보호에 작은 힘이나마 보탤 수 있어서 보람찼습니다.

사법연수원에서의 공부는 특수한 활동이라기보다는 하나의 생활과 같은 것이었기 때문에 늘 공부모드를 유지해야 했습니다. 특히 사법연수원은 공부실력이 출중한 사람들이 워낙 많아서 조금이라도 공부의 끈을 놓으면 금방 뒤처지게 되었습니다. 이런 일에 스트레스를 받지 않고 주변의 압박을 긍정적으로 소화하기 위해서 열심히 노력했습니다.

Question 사법연수원 내의 경쟁에서 스트레스도 있었을 텐데요?

어떤 면에서는 무한한 경쟁이 있는 사법연수원이지만 그 안에서도 인간성과 재미, 행복을 찾을 수 있었습니다. 저는 대학을 다니면서 친구들과 여행을 다니거나 모임을 갖는 등의 활동을 많이 하지 못했어요. 저에게는 사법연수원 생활이 사실상 대학생활의 연장 같은 느낌이었지요. 선배와 후배, 그리고 친구들과 어울려 공부도 하고 놀러 다니기도 하면서 하루하루를 충실하고 즐겁게 보내려고 노력했답니다.

그럼에도 불구하고, 연수원에서의 스트레스는 아무리 뛰어난 사람도 피하기 어려운 문제인 것 같습니다. 워낙 뛰어난 동료들이 많기 때문에 남들과 비교하는 과정에서 스스로 작아지는 느낌을 자주 받습니다. 그래서 소위 '멘탈 관리'가 꼭 필요한데, 남과 지나치게 비교하지 않고 소신을 잃지 않고 주어진 일을 하는 자세가 중요한 것 같습니다. 그리고 너무 자주 잡생각이 들면 공부 이외에 자기가 좋아하는 일을 하면서 잡념을 없애는 것도 좋은 대처방안인 것 같습니다. 저는 주로 음악을 들으면서 주변 호수공원을 산책했는데, 그때 느꼈던 감정들은 지금도 소중한 기억으로 남아 있습니다.

사법연수원에 들어오면 크게 판사, 검사, 변호사 3개의 직역 중 하나로 진출하게 됩니다. 사법연수원 입소 전에는 일단 사법시험이라는 관문이 있었기 때문에 어떤 직역을 선택할지 진지한 고민의 시간을 갖지는 못했습니다. 그래서 입소 후 연수를 받으면서 비로소 진로에 대해 생각하기 시작했습니다.

사법연수원 1년 차를 마쳤을 때쯤 변호사가 되기로 마음을 굳혔습니다. 그런데 변호사에도 여러 종류가 있기 때문에 구체적으로 어떤 일을 할지는 계속 고민거리였습니다. 법률회사에 입사할지, 개업을 할지, 기업에 들어갈지, 아니면 공직에 들어갈지 쉽게 결론 내리기가 어려웠습니다. 그래서 사법연수원을 마칠 즈음에는 적극적으로 주변인들에게 상담을 받았습니다. 친구나 동료 연수생과도 계속 대화를 했고 무엇보다 교수님들과도 많은 상담을 했던 것 같아요. 무엇을 하고 싶은지 점점 구체화하는 작업을 거쳤고 그 결과 현재의 진로를 확정 짓게 되었습니다. 특히 사법연수원의 지도교수님들이 해주신 조언이 많은 도움과 지침이 되었답니다. 지도교수님들은 제가 선택할 수 있는 여러 분야에 대해 아주 구체적인 정보를 주었기 때문에 큰 참고가 되었습니다. 진로를 선택하기 어려울 때는 그 분야에 이미 진출해 계신 분들의 의견을 듣는 것이 중요하다고 생각합니다.

▶ 화성시 아동권리 옴부즈퍼슨 위촉

▶ 국선전담변호사 위촉식

2013년 국선전담변호사 워크숍 자료집

국민과 소통하는 열린 법원

2013. 6. 28.

서 울 고 등 법 원

▶ 국선전담변호사 자료집

충실한 태도와
넓은 시야를
잃지 말라

**Question** 변호사 업무를 해가면서 계발해야 할
가장 중요한 능력은 무엇일까요?

변호사가 갖추어야 할 능력은 여러 가지가 있겠지만 첫째로 전문지식을 들 수 있겠습니다. 변호사는 본질적으로 전문가이기 때문에 적어도 자신이 맡고 있는 사건에 대해서는 누구 못지않게 잘 알고 있어야 한다고 생각합니다. 만약 잘 모르는 부분이 생기면 대충 넘어가지 않고 스스로 공부를 해서 지식을 습득해야 한다고 봅니다.

또한 다른 사람의 의견을 경청하는 능력도 중요합니다. 변호사는 타인의 분쟁을 해결하는 일을 해야 하기 때문에 다른 사람이 어떤 생각을 하고 있는지 정확히 파악해야 합니다. 의뢰인뿐만 아니라 상대방의 말 또한 잘 듣고 깊이 있게 이해해야만 올바른 대응이 가능합니다. 물론 경청하는 능력을 갖추려면 참을성과 인내심이 꼭 필요합니다.

마지막으로 사고의 유연성과 임기응변 능력이 필요합니다. 업무 특성상 새로운 상황이 계속 발생하기 때문에 임기응변 능력이 매우 필요하고 또 시간관리에서 유연성을 발휘해야 할 때가 많아요. 그래서 일단 눈앞의 일을 충실히 처리하는 것을 우선 목표로 삼고 있습니다. 물론 사건 전체를 바라보기 위해서 중장기적인 시각도 잃지 않기 위해 노력하고 있습니다.

Question 변호사 직업에 대한 잘못된 통념이 있을까요?

변호사가 마냥 우아한 직업이라거나 사회적으로 인정받는 직업이라고 생각해서는 안 된다는 말씀을 꼭 하고 싶습니다. 변호사는 큰 인내심과 끈기가 필요한 직업이고 끊임없이 공부하고 노력해야 하는 직업입니다. 변호사가 되는 것 자체를 목표로 삼는다면 정작 변호사가 된 이후에 방황하거나 실망할 겁니다. 변호사가 된 이후에 무엇을 할 것인지 열심히 고민한 이후에 변호사의 길에 들어설 것을 당부드립니다.

또한 변호사가 단지 돈을 많이 버는 직업이라는 이유로 이 길을 선택하면 후회할 수 있습니다. 물론 변호사는 전문직업인이기 때문에 어느 정도의 노력을 기울이면 생계를 유지하는 정도의 수입은 올릴 수 있습니다. 그렇지만 모든 변호사가 돈을 버는 것만을 목적으로 활동하지는 않습니다. 사회에 봉사를 하거나, 연구를 하거나, 어려운 사람을 돕기 위해 변호사 활동을 하는 사람도 많고 이런 분들은 그다지 큰돈을 벌지는 못합니다. 하지만 이 역시 변호사로서 충분히 보람을 느낄 수 있는 일들이기 때문에, 보다 시야를 넓게 가졌으면 합니다.

Question 일하시면서 특별한 스트레스 관리 방법이 있으신가요?

사람을 상대하는 일이기에 효율적인 대화기술을 체화시켜야 합니다. 물론 그 과정에서 상당한 정신적 스트레스를 받을 수도 있죠. 그렇기 때문에 정신적, 육체적 건강을 유지하는 일이 대단히 중요합니다. 개인적으로 저는 격렬한 운동은 하지 않고 대신에 가까운 거리는 걸어 다니는 습관을 들이려고 노력했답니다. 출퇴근할 때나 의뢰인을 만나기 위해 버스를 탈 때는 일부러 한두 정거장 앞에 내려서 나머지 거리는 걸어가곤 합니다. 여러 연구를 보더라도 걷기는 최고의 운동 중 하나입니다. 다른 운동이 힘들다면 걷기 운동이라도 실천해 보길 권합니다.

그리고 법학 이외에 전혀 다른 분야의 책을 읽는 것도 스트레스 해소에 도움이 됩니다. 저의 경우 주로 역사책이나 문학 서적을 자주 읽곤 합니다. 최근에는 시집을 읽는 일에 흥미가 생겨서 국내외의 여러 시를 찾아 읽고 있습니다. 업무와 전혀 다른 세계에 빠져 있으면 현실의 고단함을 잠시나마 잊을 수 있고, 다시 일에 복귀할 힘을 얻게 됩니다.

Question 변호사로서 보람이나 훈훈한 경험들이 있었다면 말씀해 주시겠어요?

저는 개인 변호사나 회사원이 아니기 때문에 직접 의뢰인들로부터 돈을 받은 적은 없습니다. 물론 받아서도 안 됩니다. 하지만 의뢰인들 중에는 굳이 돈을 건네시는 분들이 가끔 계셨죠. 만약 돈을 거절하면 과일이나 과자, 집에서 만든 김치 등을 보내주시는 분도 계십니다. 형사재판이라는 삭막한 과정에서도 아직 인간의 정이 남아 있음을 느꼈습니다. 아쉽게도 이러한 물품들 역시 모두 거절할 수밖에 없었지만, 따뜻한 마음만은 확실히 전달받았다고 하겠습니다.

Question 변호사를 꿈꾸는 학생들에게 동기부여 한 말씀.

변호사는 보람도 있고 사회의 여러 영역에서 역량을 발휘할 수 있으며, 원하는 경우 외국에서 일할 기회도 많이 얻을 수 있습니다. 자신이 하기에 따라서 많은 수입을 올리거나 고위공직에 오를 수도 있고 명예를 얻을 수도 있답니다. 공직, 기업, 금융, 가정, 형사 등 사회의 모든 분야에서 변호사에 대한 수요는 많습니다.

사회가 변화하면 법에 대한 수요도 늘어날 수밖에 없습니다. 국가 간의 교류가 확대되면 국제거래법 연구가 필요하고 환경문제가 닥치면 환경법이나 국제환경법 전문가가 각광받게 됩니다. 우리나라는 통일이라는 큰 과제도 있는데, 통일이 이루어지는 과정이나 통일 이후에는 통일법에 대한 수요도 크게 증가할 것입니다.

사회가 움직이는 데 있어서 법은 결코 빼놓을 수 없는 요소입니다. 법이 존재하는 한 변호사도 계속 존재할 것입니다. 그렇기 때문에 저는 직업으로서의 변호사를 적극 추천하고 많은 우수한 학생들이 법조계에 입문하기를 희망합니다.

서울대학교 법과대학을 졸업하고 사법연수원을 수료한 후 현재까지 줄곧 법무법인 퍼스트에서 열심히 일하고 있다. 유년 시절 독일에서의 2년 동안의 기간은 인내심을 키울 수 있는 중요한 계기가 되었다. 한국에 돌아와 중학교에 적응하는 과정에서 잠재된 승부욕은 학습력은 끌어올리는 동력이 되기도 하였다. 학창 시절 법조계에 관심은 없었으나 한 편의 법률 영화가 진로에 큰 영향을 끼치게 되었다. 현재는 변호사로서 기업 자문 및 소송, 일반 민사, 형사, 가사, 행정, 헌법 소송 등 다양한 분야·유형의 법률 사건과 사무를 처리하고 있다. 서울특별시 공익변호사·공익감사단, 역삼세무서 국세심사위원회 위원, 삼성세무서 납세자보호위원회 위원, 헌법재판소 국선대리인, 대법원 국선변호인, 중앙행정심판위원회 행정심판 국선대리인, 서울지방변호사회 재정위원회, 인사위원회 위원 등으로도 활동하고 있다.

- -

홍승재 변호사

현) 법무법인 퍼스트
- 변호사(사법시험 제54회, 사법연수원 제44기)
- 서울대학교 법과대학원 박사과정 수료
- 서울대학교 법과대학원 석사
- 서울대학교 법과대학 법학과
- 한영외국어고등학교

변호사의 스케줄

홍승재 변호사의 하루

06:10
▸ 기상
06:50 ~
▸ 수영

23:30 ~
▸ 취침

08:15 ~ 12:00
▸ 출근
▸ 의뢰인 상담, 회의
▸ 사건 검토

21:30 ~ 23:30
▸ 퇴근 및 저녁식사
▸ 아이와 놀아주기
▸ 휴식

13:00 ~ 21:30
▸ 재판출석
▸ 수사참여
▸ 서면작성

12:00 ~ 13:00
▸ 점심식사

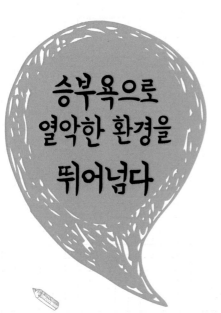

승부욕으로
열악한 환경을
뛰어넘다

▶ 어린시절, 아버지 방에서 아버지와

▶ 독일에서 친구들과

▶ 한영외국어고등학교 독일어 회화 수업

독일에서의 유년 시절이 있었다고 들었습니다.

제 유년 시절 중에 가장 행복한 기억으로 남아있는 시기는 독일에서 살았던 1998년부터 1999년까지 2년 동안의 기간입니다. 초등학교 5~6학년을 독일에서 보낸 셈인데, 공부에 대한 스트레스 없이 마음껏 놀고 운동하고 여행 다닐 수 있었기 때문이죠. 다만, 알파벳조차 전혀 알지 못하는 상태로 독일에 가다 보니, 언어의 장벽은 크게 다가왔습니다. 하지만 부모님의 완강한 의사에 따라 독일 학생들이 다니는 Kepler Gymnasium을 6학년으로 편입했었죠. 거의 1년 동안 예체능을 제외한 수업을 가만히 앉아있어야 했던 시간은 정말로 고역이었습니다. 돌이켜보면 저에게 극도의 인내심을 선물해 준 소중한 기간이기도 한 것 같군요.

Question **한국에 돌아와서 학교 적응에 문제는 없으셨나요?**

독일에서 한국으로 돌아와 구정중학교에 입학하게 되었죠. 중학교 과정 선행학습은 커녕 초등학교 5, 6학년 과정 공부도 제대로 하지 못했던 터라, 첫 시험 결과를 받아들고 너무나 큰 충격을 받았습니다. 공부를 그다지 좋아하진 않았지만 승부욕이 몹시 강했던 저는 '부족하면 더욱 열심히 하면 된다'는 믿음은 있었던 것 같아요. 친구들을 따라잡기 위해서 남들보다 공부시간을 더 많이 갖기로 결심하고 실행했습니다. 이런저런 유혹을 이겨내면서 책상에 앉아있기가 쉬운 일을 아니었지만 꾸준히 실천했답니다. 성적이 조금씩 올라가기 시작했고 한영외국어고등학교에 진학하게 되었습니다.

Question 독일에서의 삶이 진로에 영향을 주진 않았나요?

초중학교 시절 장래희망은 건축가 내지 외교관이었습니다. 어릴 적 독일에 살면서 가족들과 유럽 구석구석을 여행하면서 다양한 문화와 황홀한 건축물들을 접할 때 큰 행복감을 느꼈었죠. 그래서 나중에 제가 직접 나라를 대표해서 상대 국가와의 우호 협력을 증진하고 세계 각국의 정보를 수집하는 사람이 되고 싶었어요. 그리고 문화유산으로 남을 수 있는 멋진 건축물을 설계하고 시공하는 사람이 되면 좋겠다고 생각했던 적도 있고요.

Question 한영외고에는 우수한 학생들이 많았을 텐데 성적은 괜찮으셨나요?

중고등학교 시절 선행학습을 하지 않았고 학원에 다닌 적도 없어서인지, 기대에 한참 못 미치는 첫 시험 결과에 실망을 했답니다. 또다시 저의 승부욕에 발동이 걸린 시점이었죠. 정말 최선을 다해서 공부했던 것 같습니다. 단적인 예로, 등교해서 저녁 먹는 시간까지 가급적 화장실도 가지 않고 자리에서 일어나지 않는 것이 하루하루의 목표였고, 거의 매일 실천했습니다. 독일에서 훈련된 인내심이 도움이 되었죠. 서울대학교 법과대학에 진학했는데, 중고등학교 시절을 보상받고 싶은 심정이었던지 공부는 소홀히 했습니다. 여행, 운동, 게임 등을 하면서 자유를 최대한 즐겼던 것 같아요.

Question 인내는 썼지만 열매가 달아서 기쁘셨겠습니다.

학창시절을 맘껏 친구들과의 추억을 쌓지 못한 채 공부에 집중하면서 인내하다 보니 정신적으로나 육체적으로나 힘들 때가 왕왕 있었는데, 꾹 참고 이겨낸 결과 고등학교 입학할 때 중간 정도이던 성적이 1996학년도 대학수학능력시험에서는 전국 135등 정도의 성적이 나와 매우 매우 기뻐했던 기억이 납니다. 제 인터뷰를 보는 학생들도 각자의 능력에 대한 믿음을 확고하게 가지고, 인내는 쓰지만 열매는 달다는 생각을 하면서 목표·꿈·미래를 향해 도전하였으면 좋겠습니다.

Question 특유의 승부욕이 변호사 직무를 수행할 때 도움이 되나요?

다양한 변호사 직무 중 특히 민사소송의 경우 판사가 심판인 스포츠와 같은 측면이 상당히 존재하는데, 제 특유의 승부욕·꼼꼼함·분위기 파악 능력 등은 맡은 사건에서 잘 지지 않고, 사건을 승소로 이끌어 내는 데 큰 도움이 됩니다. 제 인터뷰를 보는 학생들 중에서도 내재적으로 대충대충이나 앞뒤가 맞지 않는 것을 견디지 못하고, 지는 것을 극도로 싫어하는 학생들이 있다면 변호사의 적성을 갖고 있으니 변호사의 비전을 품어보라고 조언해주고 싶습니다.

하루 스케줄에서 오전 6시 50분부터는 수영(잠실 종합운동장)으로 되어 있네요?

제가 변호사 자격을 취득했을 무렵부터 지금까지 특별한 사정이 없으면 오전에 잠실 종합운동장 수영장에 가서 수영을 하고 출근을 하고 있습니다. 오전 6시 50분까지 수영장에 가려면 오전 6시 정도에는 기상해야 하는데, 제가 야행성이어서 그런지 처음에는 일어나는 것 자체가 상당히 힘들었지만, 요즘엔 완전히 적응되어 이젠 주행성으로 바뀐 것 같습니다. 하루를 수영으로 시작하면 상쾌한 데다가, 업무량이 많은 변호사로서 직무를 수행하기 위해서는 체력이 필수인데, 체력관리에도 큰 도움이 되고 있어 앞으로도 꾸준히 할 생각입니다.

▶ 서울대학교 법과대학 형사법학회 모의재판 준비

사회정의와
현실을 떠난 법은
있을 수 없다

▶ 사법연수원 교수님과

▶ 사법연수원 국제형사법학회 뉴욕 UN 연수

한 편의 영화가 변호사의 꿈을 갖게 했다고요?

어릴 때 법조인에 대해서 고리타분하고 꽉 막힌 사람들일 거라는 선입견이 있었던 것 같아요. 그러다가 고등학교 입학 직전에 우연히 '어퓨굿맨(A Few Good Men)'이라는 영화를 보게 되었죠. 관타나모 기지에서 일어난 살인사건의 공동피고인의 변호를 맡은 법무장교 대니얼 캐피(톰 크루즈)의 멋진 모습을 보고 마음이 싹 바뀌었답니다. 좋은 변호사가 된다면 보다 나은 세상을 만드는 데 조금이나마 기여할 수 있겠다는 생각이 들면서 처음으로 변호사를 장래희망으로 고려하게 되었던 것 같아요.

Question 진로를 변호사로 정한 후,
어떠한 계획과 활동이 있으셨나요?

변호사를 장래희망으로 고려하게 되니까 서울대학교 법과대학에 입학해야겠다는 강력한 목표가 세워지더라고요. 당시엔 변호사가 되려면 사법시험 1, 2차 시험과 면접에 합격해야 했는데, 법률 공부를 하려면 일단 법과대학에 진학하는 게 좋겠다고 판단했어요. 서울대학교 법과대학에 입학하려니 한눈팔지 말고 공부에 전념해야 했는데, 공부에 대한 염증이 밀려오면서 슬럼프에 빠지려는 순간들도 종종 있었답니다. 그럴 때마다 운동을 좋아하던 저로서는 이런저런 운동을 하면서 스트레스를 풀거나 마인드컨트롤을 통해 위기의 순간들을 극복했던 것 같아요.

Question 법학 자체가 까다롭고 지루하진 않으셨나요?

서울대학교 법과대학에 진학한 후 헌법·민법·형법·상법·행정법 등 다양한 법률 수업을 듣다 보니 변호사가 되기 위한 시험공부를 하는 것보다 법학 자체를 탐구하는 것이 흥미로웠습니다. 그래서 일단 서울대학교 법과대학원에 진학하여 석사과정을 밟으면서 학문으로서 법학을 좀 더 공부하게 되었죠.

Question 변호사 자격에 관심을 기울이게 된 결정적인 계기가 있으신지요?

학문으로서 법학도 흥미롭지만 변호사가 돼서 주변에 발생하는 실제적인 법률문제를 해결하고 사회정의 실현에 보탬이 되는 것도 의미 있는 일이겠다는 생각에 이르게 됐습니다. 법률사건과 법률사무를 위임·위촉받아 처리하는 경우 특별한 자격이 필요한데, 그러한 자격 중에서 가장 일반적이고 포괄적인 권한을 인정받는 자격이 바로 변호사 자격입니다.

Question 변호사로서 처음으로 법정에 섰을 때 소감은 어떠셨는지요?

변호사 자격을 취득한 후 처음으로 법정에 가게 되었을 때 저는 초보 티가 안 나도록 변론을 자연스럽게 잘해야겠다는 일념으로 정말 준비를 열심히 하였습니다. 그런데 막상 처음으로 법정에 서니 무척이나 긴장되었고, 확연히 티가 날 정도로 떨리는 목소리로 변론을 했던 기억이 있습니다. 이제는 법정에 서면 더 이상 그때처럼 떨리진 않지만 의뢰인의 삶에서 매우 중차대한 사건을 의뢰인에게 이롭게 해결하여야 하는 의무를 가진 변호사라는 직업의 특성과 '법원·법정이라는 공간 자체가 주는 엄숙성'으로 인하여 어느 정도의 긴장감이 생기는 것은 여전합니다.

형사에서는 어떤 고등학생이 판단력이나 사리분별력이 성숙하지 못한 상태에서 보이스피싱 범행에 수금책으로 가담했던 사건의 변호를 맡아서 징역8월에 집행유예 2년의 판결을 선고받은 사건이 제일 기억에 남습니다. 법원이 보이스피싱을 사회악으로 보아 통상 실형을 선고하고 있는 점을 고려할 때 결과 면에서 성공적인 사례이기도 하고, 위 학생이 스스로 수사·재판과정에서 하루도 빠짐없이 진심이 담긴 반성문을 쓰면서, 잘못을 진정으로 깊이 뉘우쳤답니다. 판결 확정 후에는 제게 고맙다고 인사하면서 위 사건을 거울삼아 앞으로 다시는 어떠한 잘못도 저지르지 않고 자신의 꿈을 향하여 정진하겠다고 말할 때 너무나도 진정성이 느껴져 마음이 뿌듯하고 기뻤습니다.

민사에서는 A의 B산업단지개발회사에 대한 공익사업을 위한 토지 등의 취득 및 보상에 관한 법률에 따른 환매권 행사 관련 청구 소송에서 B산업단지개발회사를 대리하여 승소한 사건이 가장 기억에 남는데요, B산업단지개발회사가 애초 다른 소송대리인에게 1년 6개월여간 위임하였다가 패색이 짙어지자 저를 찾아와 위임해주신 사건으로, 매우 어려운 상황을 극복하고 승소를 이끌어낸 사건입니다. 이러한 저의 활약을 보고 위 사건의 보조참가인이었던 C지방자치단체는 이후 제게 관련 사건들을 전부를 맡겨주셨습니다.

▶ 법무법인 퍼스트 프로필 사진

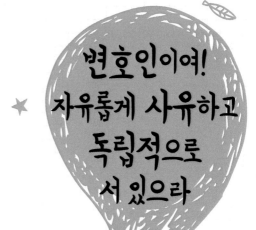

변호인이여!
자유롭게 사유하고
독립적으로
서 있으라

▶ 감사패

▶ 서재에서

변호사로서 하고 계시는 일에 대해서

구체적으로 알고 싶습니다.

저는 변호사로서 지방자치단체, 공공기관, 대·중·소기업 자문 및 소송, 일반 민사, 형사, 가사, 행정소송 등 다양한 분야·유형의 법률 사건과 사무를 처리하고 있습니다. 제가 처리하는 법률 사건·사무를 보다 구체적으로 설명하자면 자문의 예로는 '수탁자의 신탁부동산 처분대금 정산 거부 관련 법률검토', '청탁금지법 관련 법률검토', '우리사주조합에 대한 출연 등 관련 법률검토', '퇴직급여 산정 관련 법률검토', '예금공탁 후 계좌의 관리 등 제문제 관련 법률검토', '지배인 선임 관련 적법성 법률검토', '석면광산 토양개량복원사업의 하자 관련 법률검토', '수상태양광 지역주민 지원사업 관련 법률검토', '상속세 체납액 징수를 위한 상속 예금 압류·추심 관련 법률검토', '지역주택조합 추진위원회의 조합원 모집 신고에 대한 수리처분 관련 법률검토', '모자회사 간 거래 시 이사회의 승인 필요 여부에 관한 법률검토', '벤처기업 주식매수선택권 관련 검토', '토석료에 관한 설계변경으로 인한 계약금액의 조정 가능성 법률검토', '저작권 침해 관련 법률검토', '단주처리를 위한 경매절차에 대한 법률검토', '전자금융거래 전자문서 보존 등 관련 법률검토', '중재판정 관련 법률검토', '하수급인들의 유치권행사 관련 대응방안 법률검토', '통상임금 확대로 인한 미지급임금청구 소송 관련 법률검토', '특허권 관련 법률검토', '연탄공장의 수입탄 부당 구매 관련 조처 법률검토', 프로젝트관리계약, 분양대행계약, 광고대행계약, 도급계약 등 법률검토', '상품명 사용가능성 관련 법률검토', '외국환관리법 위반 여부 법률검토', '스타트업 법인 설립·주주간 계약 등 관련 제반 법률검토', '가상화폐 관련 법률검토', '거래구조 변경 관련 공정거래법·세법상 문제점 법률검토' 등입니다.

Question 형사소송과 헌법과 관련하여 처리하시는
업무의 종류가 궁금합니다.

　형사소송의 경우, '특정경제범죄가중처벌등에관한법률위반', '강간미수', '준강제추행', '살인등', '자동차관리법위반등', '업무방해등', '근로기준법위반등', '상법위반 외 6건', '업무상횡령, 배임' 등이 있습니다. 헌법의 경우 '디자인보호법 제36조 제1항 단서 위헌 소원', '기소유예처분취소' 등이 있고요. 행정심판의 경우 '고엽제 재판정 신체검사 등급 판정 처분 취소 청구', '운전면허취소처분취소', '조합원모집신고취소철회이행', '집행정지', '수용재결취소', '진입도로 개설', '입주불승인 처분 취소', '손실보상금', '정보공개처분취소' 등이 있습니다. 가사의 경우 '이혼', '상속포기・한정승인', '자의 성과 본의 변경 허가', '양육비변경', '상속재산분할', '기여분', '부양료', 개명허가' 등이 있습니다.

Question 민,상사와 관련된 업무도 종류가 많다고 들었습니다.

　민・상사의 경우 '주식병합 등 무효의 소', '사해행위취소', '채권자대위소송', '배당이의', '보증채무금', '용역대금', '양수금', '손해배상', '채무부존재확인', '구상금', '약정금', '부당이득금', '공사대금', '정산금', '계약금 반환', '분양대금반환', '건물인도', '소유권이전등기', '소유권말소등기', '건물철거', '유치권부존재확인', '임대차보증금', '권리금', '수분양자지위 확인의 소', '임시주주총회소집허가', '채권가압류', '출자증권압류', '장부등 열람및등사허용가처분', '업무방해금지가처분', '부동산처분금지가처분', '영업금지가처분', '이사등직무집행정지가처분', '정관효력정지등가처분' 등이 있죠. 그 외에도 '공정거래위원회', '언론중재위원회', '금융감독원', '조세심판원' 사건 등이 있습니다. 정말 많죠?

변호사로서 공익활동도 많이 하신다고 들었습니다.

기본적 인권을 옹호하고 사회정의를 실현함에 조금이나마 보탬이 되었으면 하는 마음에서 공익활동에도 관심이 많아 헌법재판소 국선대리인, 대법원 국선변호인, 중앙행정심판위원회 행정심판 국선대리인, 국가인권위원회 현장상담변호사, 국민권익위원회 전문상담위원, 중소벤처기업부 서울청 불공정거래 신고센터 법률전문위원, 서울특별시 공익변호사, 서울특별시 공익감사단, 동작구 스타트업벤처기업육성위원회 위원, 포천세무서·역삼세무서 국세심사위원회 위원, 삼성세무서 납세자보호위원회 위원, 대치4동 마을변호사, 대치중학교 학교폭력자치위원회 위원, 서울왕북초등학교 학교폭력대책자치위원, 서울산업진흥원 서울기업지원센터 전문위원, 한국교육학술정보원 개인정보보호 전문가, 대한변호사협회 북한이탈주민법률지원변호사단, 서울지방변호사회 재정위원회, 인사위원회 위원 등의 활동도 하고 있습니다.

Question **변호사에 대한 비전을 품은 학생들에게 조언을 해주신다면?**

공공성 있는 전문직이면서 직무수행의 독립성과 자유가 보장된 변호사를 직업으로서 강력하게 추천합니다. 왜냐하면 변호사법은 제2조에 '변호사는 공공성을 지닌 법률전문직으로서 독립하여 자유롭게 그 직무를 수행한다'고 규정하고 있기 때문입니다. 물론 온갖 유혹을 이겨가며 열심히 공부해 나간다는 것은 분명 쉬운 일은 아닐 테지요. 하지만 확실한 목표의식을 지니고 사회의 다양한 분야에 기여할 수 있는 변호사를 꿈꾸며 도전한다면 좋은 결과가 있으리라 확신합니다.

어린 시절 음악을 전공한 모친의 영향으로 바이올린을 배웠으며 초등 시절에는 오케스트라와 보이스카우트 활동을 하였다. 중학교에 입학하면서 과학고를 대비하였으나, 의사인 아버지를 따라 의대에 진학하고자 하는 목표가 생겼고 결국 일반고에 진학하게 되었다. 의과대학 진학에 실패하고 재수하던 중 사법시험에 합격한 누나의 영향을 받게 되었다. 그래서 법학과를 진학하면서 검사로서의 꿈을 품게 되었다. 이후 법학전문대학원에 진학하고 로펌에서 인턴으로 일하면서 변호사 직업을 확정 짓게 되었다. 현재는 법무법인 세종의 변호사이며 기업회생, 경영권분쟁과 관련된 업무를 주로 수행하고 있다. 기업회생 분야에서 더욱 전문성을 쌓아가기 위해 도산법학회에 참여하고 있다.

김효전 변호사

현) 법무법인(유) 세종
- 변호사(제7회 변호사시험 합격)
- 성균관대학교 법학전문대학원
- 고려대학교 법과대학 법학과
- 보성고등학교

변호사의 스케줄

김효전 변호사의 하루

06:00 ~ 07:00
▶ 아침운동
(골프 연습이나 러닝)

07:300 ~ 08:30
▶ 출근준비

08:30 ~ 09:30
▶ 출근 및 조간 신문 구독

09:30 ~ 12:00
▶ 재판 또는 회의

12:00 ~ 13:00
▶ 점심 식사

13:00 ~ 18:00
▶ 재판, 회의, 서면 작업

18:00 ~ 19:30
▶ 저녁 식사

19:30 ~ 24:00
▶ 야근 (서면 작업)

24:00 ~
▶ 퇴근 후 취침

아버지와
누나에게서
전문직의
소명을 보다

▶ 바이올린 연주

▶ 아버지와 함께

▶ 보이스카우트 활동

학창 시절 특별한 재능과 경험이 있으신가요?

음악을 전공한 어머니의 영향으로 바이올린을 배웠는데, 어린 나이지만 연습을 통해 곡을 완성해가는 성취감을 느꼈던 것으로 기억합니다. 취학 후 초등학교에 다닐 때까지 꾸준히 악기를 배웠지만 중학교에 진학한 이후에는 별도로 레슨을 받지 않았습니다. 초등학교 시절에는 오케스트라, 보이 스카우트 활동을 했었죠. 이러한 단체활동을 통해 다면적인 인간관계를 일찍부터 경험할 수 있었고, 그러한 경험은 변호사로서 업무를 수행하는 데 큰 도움이 되었다고 생각합니다.

중고등학교 시절에 과학에 관심이 많으셨다고요?

중학교 때는 물리 올림피아드를 준비하면서 과학고 진학을 대비했습니다. 7살 터울의 누나가 과학고를 졸업하고 건축공학과에 다니고 있었는데, 그 영향을 받았던 것 같아요. 중학교 3학년 때는 의대에 가고 싶다는 생각을 하게 됐는데, 특목고보다는 일반고에 진학하는 것이 의대 진학에 유리하다는 판단하에 따로 과학고 입학시험을 치르지는 않았죠. 고등학교 시절에는 서울시교육청에서 일반고 학생을 대상으로 진행한 과학실험반에 참여하였습니다. 과학실험반은 각 학교에서 1명씩 선발된 인원들이 모여서 한 달에 한 번씩 과학실험을 하는 프로그램이었습니다. 최종적으로 보고서를 작성, 발표하는 커리큘럼으로 진행되었는데 팀플을 처음 해볼 기회를 얻었었죠.. 우수한 친구들과 각자 맡은 역할을 수행하며 결과물을 만들어내는 탁월한 경험을 할 수 있었답니다.

학창 시절 성적은 어느 정도였나요?

초등학교 때는 따로 성적이나 등수를 매기지는 않았던 것 같아요. 중고등학교 때는 상위권을 유지했었고, 졸업 기준으로 중학교는 차석졸업, 고등학교는 수석으로 졸업했습니다. 대학교 성적은 중간 정도였던 것 같은데 사법시험을 준비하면서 제대로 신경을 쓰지 못했던 것 같아요. 법학전문대학원 성적은 상위권이었고, 졸업 기준으로 120명 중에 6등이었습니다.

아버지를 따라서 의사가 되고 싶진 않으셨나요?

부모님께서 특별히 저에게 기대하셨던 장래희망은 없었던 것으로 기억합니다. 다만 장래에 제가 어떤 것을 희망하든 학업성적이 뒷받침되어야 선택의 폭이 넓어진다고 말씀하시곤 하셨죠. 저는 고등학교 시절까지는 아버지를 따라 의사가 되고 싶었습니다. 하지만 법학과를 진학하면서 진로를 변경하게 되었는데, 법학전문대학원 입학 당시까지만 해도 검사가 되기를 바랐었죠. 법학전문대학원에 입학하고 나서 로펌에서 인턴을 할 기회가 있었는데 그 후에 변호사로 진로를 결정하게 되었답니다.

Question 의대에서 법대로 바꾸게 된 계기가 있으실 텐데요?

학창 시절부터 의사인 아버지와 모범생 누나의 영향을 많이 받았던 것 같습니다. 전문직으로서 소명의식을 지니고 활동하는 모습을 보면서 은연중에 동일한 직업을 가져야겠다고 생각했던 것 같아요. 처음에는 의대에 진학할 목적으로 일반고로 진학했었고 이과를 선택했죠. 그런데 수능 점수가 잘 나오지 못해서 재수를 하게 되었답니다. 재수를 하던 중에 진로를 변경하여 법대 진학을 결정하게 된 계기가 있었죠. 당시 이공계였던 누나가 진로를 변경하여 사법시험에 합격했었거든요. 법학과에 진학하기로 결정할 당시에는 검사가 되기를 희망했어요. 특별히 검사라는 직업에 대해 잘 알아서 그랬던 것은 아니고, 막연히 미디어 등을 통해서 접했던 이미지가 괜찮았던 것 같습니다.

Question 사법시험과 로스쿨 제도의 경계에 있으셨다고요?

대학 졸업 후 잠시 일반대학원에 진학했었지만 학부 때와 마찬가지로 사법시험 준비는 계속했습니다. 2013년 하반기에 사법시험(2차)과 법학전문대학원 입시를 함께 준비했었는데, 지금은 아내가 된 당시 여자친구의 영향으로 법학전문대학원에 진학하게 되었답니다. 아내는 저보다 2년 먼저 법학전문대학원에 진학했기에 로스쿨 제도의 장점을 잘 알고 있었습니다. 학교 수업 위주로 공부할 수도 있고 장학금 혜택 등 다양한 장점에 대해서 알려줬습니다. 법학전문대학원에 진학했을 당시 법무사관후보생에 편입될 수 없는 나이여서 1학기를 다닌 후 바로 입대를 하게 되었습니다. 2년간 공군 사병으로 복무를 마치고 2015년에 복학을 했습니다.

경쟁심과
성적에 대한
중압감을
극복하라

▶ 로스쿨 졸업식

▶ 로스쿨 졸업식 단체 사진

▶ 로스쿨 동기들과 함께

Question 로스쿨 입학과정에 대해서 설명해주시겠어요?

사법시험 준비와 병행했기 때문에 별도로 로스쿨 입학을 준비하지는 않았습니다. 로스쿨 입학시험을 위해 반드시 응시해야 하는 법학적성시험(LEET)이 언어이해, 추리논증, 논술로 이루어져 있어요. 언어이해의 경우 수학능력시험의 언어영역과 비슷한데, 어렸을 때부터 해당 분야 시험은 대비가 잘 되어 있는 편이었죠. 상대적으로 외국어나 봉사활동 등의 분야는 제대로 준비하지 못했지만, 법학을 전공하고 사법시험을 준비하면서 기본적인 법학지식을 갖추고 있었다는 점이 로스쿨 입학에 유리하게 작용했던 것 같아요.

Question 로스쿨 재학 기간 어떻게 지내셨나요?

로스쿨 재학 기간 학교 수업을 충실히 따라가면서 공부를 했던 기억이 있습니다. 로스쿨을 졸업하면 바로 변호사로 활동해야 한다고 생각을 했기 때문에 주로 실무 출신 교수님들 수업을 수강했었죠. 따로 스터디나 동아리 활동은 하지 않았고 체력관리를 위해서 운동은 꾸준히 했습니다. 로스쿨 재학 기간 월요일부터 금요일까지는 오전 8시에 등교를 해서 오후 10시 정도까지(토요일은 오전 8시부터 오후 2~3시 정도까지) 공부하는 스케줄로 생활했었고, 될 수 있으면 이러한 생활패턴을 바꾸지 않으려고 했죠. 로스쿨 3학년 당시 변호사시험과 취업활동을 병행하는 것이 상당히 어려웠지만 앞서 말씀드린 생활패턴을 유지하려고 노력했습니다. 그리고 로스쿨 재학 기간 3년 전체가 변호사시험을 준비하기 위한 기간이라고 생각을 했어요. 미리 선행학습을 하기도 했고 방학을 이용하여 부족한 부분을 채우려고 노력했었죠.

변호사 자격을 취득하는 과정에서 중요한 태도가 있을까요?

공부해야 하는 양 자체가 학부 때보다 훨씬 많아지기 때문에 기본적으로 성실하고 꾸준히 공부하는 것이 중요한 것 같아요. 로스쿨의 경우 성적에 대한 경쟁이 상당히 심합니다. 경쟁심을 발판 삼아 열심히 공부하는 것도 중요하지만 옆에 있는 친구들과 평생 관계를 맺는다는 생각으로 원만하게 지내는 것도 중요하다고 생각해요. 아울러 경쟁심이나 성적에 대한 중압감을 이겨내는 마음의 훈련도 필요하고요.

Question

로펌에서의 시스템과 활동이 궁금합니다.

로펌에 입사를 하고 5년을 근무하면 해외 대학에서 유학할 수 있는 기회가 주어집니다. 따라서 유학 전까지는 다양한 영역에서 업무를 수행하면서 기본기를 다져놓고, 유학 즈음에는 나만의 확실한 전문분야에 집중할 계획을 설정했죠. 한편 기업회생 및 경영권 분쟁 분야에 관심이 있었고 해당 분야를 주로 수행하는 팀에 소속되기를 희망했습니다. 참고로 기업회생 분야에서 전문성을 쌓기 위해 현재 도산법학회에 참여하고 있습니다.

Question 자문 업무와 송무 업무의 차이점을 좀 더 자세히 설명해 주시겠어요?

　자문 업무의 경우 독자적으로 법률에 대한 해석을 통해 사안에 대한 검토의견을 낼 수 있고, M&A 등 거래 업무의 경우 종국적으로는 상대방과의 합의를 이끌어내는 업무라는 점에서 특색이 있습니다. 송무 업무의 경우 상대방과의 논쟁을 하고 법원으로부터 판단을 받게 되는데, 그로 인해 승소와 패소로 결과가 나누어진다는 점이 특징이죠. 승소를 하였을 경우에는 성취감이 매우 큰 반면, 패소를 하였을 때 상당한 스트레스를 받기도 합니다.

Question 현재 주로 하시는 일에 대해서 구체적으로 알고 싶은데요?

　기업회생 및 경영권분쟁 업무를 주로 하고 있습니다. 기업회생 업무를 설명하자면, 계속적으로 영업을 하면 가치를 창출할 수 있는데 단기적으로 현금 유동성이 없어 채무를 변제할 수 없는 기업들이 회생절차를 통해 영업을 이어나갈 수 있게 하는 것이죠. 따라서 주주, 채권자 등 다양한 당사자들의 동의를 이끌어내는 것이 관건입니다. 경영권분쟁 업무의 경우, 회사의 경영권을 두고 주주 사이에 발생할 수 있는 분쟁을 해결하는 업무로서 주주권을 강하게 보호하려는 최근의 추세에 따라 관련 업무도 많이 늘어나고 있습니다.

변호사로서 업무를 수행하면서
특별히 신경 쓰시는 부분이 있나요?

전문가로서 책임감을 지니고 다각적인 사고를 하면서 업무를 수행하는 것에 신경을 많이 씁니다. 의뢰인은 전문가에게 자신의 일을 위임하고 변호사는 의뢰인으로부터 일을 수임하여 수행하게 됩니다. 변호사는 의뢰인의 입장을 공감하면서도 객관적인 입장에서 사건을 바라볼 필요가 있다고 생각합니다. 법리적인 주장을 통해 승소를 이끌어내는 경우도 있지만 사실관계에 따라 결론이 달라지는 경우가 많지요. 따라서 사실관계를 증명할 수 있는 증거가 있는지, 어떤 방법으로 사실관계를 증명할 수 있는지에 대하여 깊게 고민할 필요가 있습니다. 또한 팀으로 업무를 수행하는 경우가 생각보다 훨씬 많아요. 따라서 work-flow를 이해하고 적시에 각자 맡은 업무를 수행하는 능력이 상당히 중요한 것 같습니다.

일하시면서 기억에 남는 사례가 있을까요?

2020년 상반기에 부당하게 회사의 경영권을 차지하고 있는 상대방으로부터 경영권을 되찾아온 사건이 있었습니다. 상대방은 각종 불법행위를 일삼으면서 경영권을 유지하려고 했는데, 여름휴가까지 반납하면서 신속하게 가처분 절차에 대응하여 결국 경영권을 회복할 수 있었죠. 10여 명의 관여 변호사들이 모두 힘을 합쳐 밤낮을 가리지 않고 업무를 수행하여 좋은 결과를 이끌어낼 수 있었던 것 같습니다.

▶ 사무실

▶ 법무법인(유) 세종

▶ 프로필 사진

최고의 전문가,
최상의 소통가

Question 훌륭한 변호사가 되기 위한 자질과 태도를 알려주시겠어요?

먼저 많은 업무량을 소화하기 위해서는 성실하고 책임감 있는 태도가 필요하다고 생각합니다. 아울러 사소한 실수로 인해 소송 전체의 결과가 달라질 수도 있으므로 꼼꼼한 성격도 중요하다고 생각합니다. 또한 팀으로 업무를 수행하는 경우가 많기 때문에 선후배, 동료들과 원만하게 지낼 수 있어야 하고요. 변호사는 전문가이기 때문에 열심히 하는 것도 중요하지만 잘하는 것이 더 중요합니다. 성실한 태도와 강인한 체력은 필수고요. 왜냐하면 체력이 뒷받침되지 않으면 집중력도 낮아지고 업무 quality가 떨어질 수밖에 없거든요.

Question 변호사 직업에 대한 편견이나 오해가 있을까요?

로펌 변호사의 경우, 미디어에서 다소 화려하게 생활하는 모습으로 비치는 것 같습니다. 그러나 실제로는 업무량과 스트레스도 많고 업무시간이 길어서 가족과 함께 지낼 시간도 부족한 편이죠. 일에서 얻을 수 있는 성취감을 중요하게 생각하지 않으면 오래 지속하기 어려울 수 있습니다. 따라서 바쁜 와중에도 틈틈이 휴식과 취미 생활을 통해 건강에 신경을 써야 합니다. 저는 꾸준히 운동을 하려고 노력하고 있고 골프나 테니스를 주로 합니다. 주말에는 수면시간을 확보하려고 노력하는 편이고 될 수 있으면 규칙적으로 생활하려고 합니다.

법조계 지망생들에게 추천하고 싶은 분야는?

개인적으로 변호사를 추천하며, 그 이유는 변호사가 판·검사보다 능동적으로 업무를 처리할 수 있다는 점에서 일을 통해 얻을 수 있는 성취감이 큰 편이라고 생각하기 때문입니다. 특히 로펌에서 변호사로 일을 하면 우리나라에서 이루어지는 중요한 소송이나 M&A와 관련된 업무를 수행할 기회가 많은 편입니다.

Question 로펌 변호사의 업무에 대해서 자세히 설명 부탁드립니다.

로펌은 다양한 분야의 업무를 수행하고 있는데 송무 분야만 해도 행정, 금융, 건설, TAX, IP(지식재산권), 형사, 가사 사건을 전문적으로 담당하는 팀이 있죠. 자문 분야의 경우 M&A, 부동산 거래, 공정거래(anti-trust), Finance(상장, 인수금융, 해외투자 등), 방송정보통신(TMT) 등을 각각의 팀에서 전문성을 갖추고 업무를 수행한답니다. 한편 세종의 경우 나눔과 이음이라는 사단법인을 통해 공익활동도 하고 있고요. 이처럼 로펌 소속 변호사는 본인이 원하는 분야에서 전문성을 쌓아가면서 업무를 주도해 나갑니다.

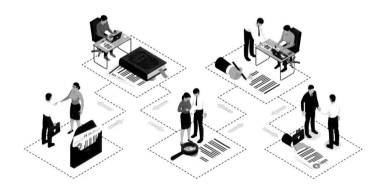

변호사로서 향후 계획은 있으시다면?

　업무 분야를 넓히기 위해서는 외국어 능력을 더 키워야 한다고 생각하기 때문에 외국어 공부에 좀 더 집중할 계획입니다. 2년 후에 유학을 떠나게 될 것으로 예상합니다. 유학 전까지는 충실하게 맡은 업무를 수행하면서 업무능력과 전문성을 키워갈 계획이고요. 가족과 함께 취미활동도 하고 여행도 많이 다니면서 좋은 추억도 많이 만들고 싶어요. 유학 기간에는 제가 원하는 분야(기업회생 또는 경영권분쟁 분야)에 대해 공부를 하면서 정신적으로나 체력적으로 충전하는 시간을 갖고자 합니다. 유학을 다녀온 후 2년 정도 지나면 파트너 변호사가 될 것으로 예상하는데, 보다 주도적으로 전문분야에서 활약하는 변호사가 되고 싶습니다.

어린 시절 부모님과 함께 유럽에서 생활하면서 미술에 소질을 보이며 유학을 제안받기도 하였다. 유럽에서의 생활은 넓은 시야와 더불어 자유로운 사고를 할 수 있는 기반을 마련해 주었다. 중학교에 진학하면서 친구들을 따라 학원에 다니게 되었고 마침내 학업에 대한 눈을 뜨게 되었다. 고등학교 시절엔 탁월한 수학 실력을 바탕으로 의대를 꿈꾸게 되었다. 전문의 자격증을 획득할 즈음에 의료사건에 대한 관심을 갖게 되었고 때마침 로스쿨 제도가 도입되었다. 법대 교수였던 아버지의 영향으로 변호사 자격에 도전하게 되었다. 현재 이화여자대학교 의과대학 성형외과학 교실 조교수로서 미세수술 세부전공으로 이대목동병원에서 근무 중이다. 환자를 돌보면서 의료원의 법무를 담당하고 있다.

- -

홍승은 변호사

현) 이화여자대학교 의과대학 조교수,
　　이대목동병원 법무실장 겸 고객만족실장
• 변호사(제3회 변호사시험 합격)
• 서울대학교 법학전문대학원
• 이화여자대학교 의학 박사
• 성형외과 전문의
• 이화여자대학교 의과대학
• 경기여자고등학교

변호사의 스케줄

홍승은
변호사의
하루

20:00 ~ 22:00
▶ 휴식, 외국어 공부
22:00 ~
▶ 취침

06:00 ~ 07:00
▶ 출근 준비

17:00 ~ 19:00
▶ 간단한 저녁 식사 후
연구 및 논문 작성,
의견서 등 서면 작성
19:00 ~ 20:00
▶ 퇴근

07:00 ~ 08:00
▶ 출근
08:00 ~ 12:00
▶ 오전 진료 또는 수술

13:00 ~ 17:00
▶ 오후 진료 또는 수술,
법무실 업무
(자문, 회의 참석 등)

12:00 ~ 13:00
▶ 점심 식사
(때로는 회의 참석)

자유로운 영혼에
흐르는
아빠의 DNA

▶ 덴마크 코펜하겐 안데르센 동상에서

▶ 초등학교 졸업식

▶ 캐나다 록키산맥에서

어린 시절에 넓은 시야와 도전의식을 갖추게 되었다고요?

초등학교 저학년 시절, 연수를 가신 부모님 덕분에 유럽에서 생활할 기회가 있었습니다. 자유로운 분위기 속에서 다양한 활동을 접할 기회가 많았죠. 특히 미술에 소질을 보여 어린 나이에 유학을 제안받기도 했지만 부모님과의 생이별을 상상할 수 있는 나이가 아니었기에 정중히 고사하고 귀국했답니다. 유럽에서의 생활과 경험을 통해 세상을 넓게 보는 눈을 지니게 되었고 자유로운 영혼으로서 도전을 두려워하지 않게 된 것 같아요. 늘 집에서 공부하시는 아버지 덕분에 공부하는 습관을 갖추게 되었답니다. 하지만 성적이 우수한 편은 아니었어요. 부모님도 공부를 강요하지 않으셨기에 기본적인 공부만 하면서 목표 없이 노는 날이 많았습니다. 부모님께선 제가 건강하게 자라주기만 바라셨던 것 같아요. 자유롭게 다양한 활동을 해봤는데 디자이너나 스튜어디스의 꿈도 있었어요. 물론 중고등학교를 거치면서 성적이 향상되고 그에 따라 장래희망도 변하더라고요.

Question 학업에 대한 열정은 언제 생기셨나요?

중학교에 들어가면서 내재되어 있던 리더쉽이 발동했던 것 같아요. 학급 임원으로 활동도 하고 다양한 방과 후 활동을 하고 있었는데 친구들이 너도나도 학원에 등록하더라고요. 자극을 받아서 저도 인생 처음으로 학원을 가게 되었습니다. 처음엔 기초반에서 시작했지만 어느덧 경쟁심이 생기고 공부에 대한 열정을 품은 학생으로 변해갔습니다. 조금씩 성적이 향상되자 더 재미를 느끼게 되었고 중학교 2학년 무렵에는 제 수학적 재능을 알아봐 주신 선생님을 만나게 돼서 실력이 급상승했답니다. 덕분에 당시에 경쟁률이 높았던 외국어고등학교도 지망했었고요. 아쉽게도 불합격이었습니다. 인생의 첫 실패감은 저를 힘겹게 했지만 진로를 문과에서 이과로 전향하게 된 계기가 되었습니다.

진로에 영향을 미친 사건과 환경이 있었나요?

의과대학 진학은 누군가에게 영향을 받은 것은 아닙니다. 고등학교 시절 다양한 직업군을 접하다 보니 간접적으로 경험하게 됐는데, 의사라는 직업이 사회적으로 굉장히 의미 있는 일이라는 생각을 하게 되었죠. 의사라는 직업이 사람을 이용하거나 수단으로 대하는 것이 아니라 사람 자체가 목적이라는 점에서 굉장한 매력으로 다가왔습니다. 하지만 의사의 신분으로 로스쿨에 진학하게 된 것은 아마도 아버지의 영향이 컸던 것 같아요. 법대 교수님으로 언제나 집에서 법률서적을 읽고 집필하시는 아버지의 모습을 보면서 법학이 제 DNA에 새겨진 것은 아닌가 싶었죠. 또한 대학 교수님이었기에 집에 있는 시간이 많으셨어요. 늘 연구하고 학술활동을 하시는 아버지의 모습이 은연중에 저에게 공부하는 자세를 갖추게 해준 것 같아요.

Question **의대 진학과 의대 학업이 어렵진 않으셨나요?**

고등학교에서 이과를 선택했지만 안타깝게도 과학이 어렵게 느껴졌고 순수과학을 배제한 진로를 설계하게 되었죠. 제가 특별히 열정을 품은 취미나 분야가 있었던 것은 아니었습니다. 이 사회에 도움이 되는 직업, 누군가에게 필요한 직업, 꼭 있어야 하는 직업, 내가 보람을 느낄 수 있는 직업은 무엇일까 고민했던 것 같아요. 다행히 수학은 학교의 대표가 될 정도의 수준이어서 의과대학을 꿈꿀 수 있었죠. 원하는 의과대학에 입학하였으나 엄청난 학업량에 짓눌려 특별한 에피소드를 만들지 못한 채 공부만 하다가 졸업한 듯하군요. 유일한 스트레스 해소법이 여행이었기에 틈만 나면 배낭을 싸서 무작정 떠났어요. 그때 만났던 사람들과 새로운 장소들은 저의 시야를 넓혀 주었답니다. 다양한 분야에 호기심을 품게 되었고 내가 있는 자리에서 절대로 안주하지 말자는 결심을 하게 되었습니다.

의사의 신분으로 법조계에 마음을 두신 계기가 있으실 텐데요?

졸업 후 인턴 생활을 하며 다양한 임상과를 경험하게 되었는데 무에서 유를 창조하는 성형외과 매력에 빠져들게 되었고, 열심히 수련한 결과 성형외과 전문의가 되었답니다. 수많은 외상 환자들과 암 환자들을 만나게 됐는데 의술이 환자에게 새로운 인생을 살게도 하지만, 그 반대의 경우를 보면서 많은 고민을 했답니다. 무조건적인 선의로 시작되는 의료 행위이지만 그 결과에 따라서 환자와 의사가 적대적 관계가 되기도 하죠. 그러한 문제를 해결하기 위해 법이 개입되기도 하는 현장을 보면서 의사 역시 법에서 자유로울 수 없다고 생각하게 되었습니다. 때마침 로스쿨 제도가 도입되었고요.

의사의 몸에
변호사의
날개를 달다

▶ 서울대로스쿨 학위수여식

▶ 대한성형외과학회 발표

▶ 대한극지의학회 학술대회

Question 의사로서 변호사가 되는 과정이 수월했나요?

성형외과 전문의 자격을 획득할 즈음 로스쿨 제도가 도입되었습니다. 전문의로서의 수련을 조금은 더 하고 싶었기에 전문의 취득 후 1년간 임상강사 생활을 했었고 퇴근 후 나 빈 시간에 공부해서 서울대 로스쿨에 합격했습니다. 의과대학에서의 치열했던 학습량과 학습 습관이 늦은 나이에 로스쿨에 진학하는 데 도움이 되지 않았나 싶습니다. 하지만 출산과 육아로 인해 학교 수업의 연속성이 깨지기도 했고 공부에 집중하기 어려운 상황이었죠. 물론 동기들과 스터디를 함께할 수 있는 여건도 아니었죠. 단지 의대 6년을 견뎠던 인내심이 유일한 무기였답니다. 로스쿨 동기들의 필기를 빌려보기도 하고 동영상 강의를 수강하면서 부족분을 채웠습니다. 서점에 가서 변호사시험을 위해 추천받은 책을 모두 구매해서 꾸준히 공부했습니다.

Question 의사 신분으로서 로스쿨 재학 기간은 재미있으셨나요?

로스쿨 재학 기간에 두 번의 출산을 하게 되어 아쉽게도 1년간 휴학을 하게 되었었죠. 하지만 그동안 쉬어본 경험이 없어서 저에겐 쉼이 익숙하지 않더라고요. 그래서 출산 후 잠시 개인 성형외과에서 근무하게 되었죠. 그때 제가 미용성형과는 잘 맞지 않는다는 것을 깨닫고 복학을 하게 되었답니다. 좀 더 공공의 이익을 위해 일해야겠다고 결심하는 계기도 되었고요.

Question **현재 하시는 업무를 알고 싶은데요?**

현재는 성형외과 교수로서 임상환자 진료를 하면서 의료원 내 법무실장 겸 고객만족실장으로 근무하고 있습니다. 이화여자대학교 조교수로서 병원에 근무하고 있기 때문에 의료원 관련 법무 일을 자연스럽게 맡게 되었죠. 의료분쟁 관련 대응, 조정 업무 및 해결, 타부서에 대한 법무행정 지원, 의료진에 대한 법률자문 및 상담을 합니다. 또한 의료사고예방위원회 운영 및 위촉위원 업무와 더불어 대학부속 기관으로서 청탁금지법 관련 업무도 지원하고 있습니다.

Question **변호사 자격을 취득한 이후에 새롭게 깨달은 사실이 있으신가요?**

처음엔 변호사가 주는 환상이 있었던 것 같아요. 변호사는 정의롭고 모든 것을 알고 있고 모든 로펌에서 변호사를 필요로 한다고 생각했죠. 하지만 그렇지 않다는 것을 금방 알게 되었죠. 의사는 오직 환자를 치료하는 것이 목적이고 상황에 따라 바뀌는 다른 목적이 있을 수 없습니다. 하지만 변호사는 의뢰인에 따라 그 역할이 다를 수 있습니다. 내 의견대로 밀고 나가는 것이 아니라, 상호 협의로 소정의 결과를 얻기 위해 다양한 과정을 거칩니다. 또한 법률은 너무나 많고 분야도 너무나 다양해서 변호사라고 해서 다 알 수는 없습니다. 또한 매년 수많은 변호사가 배출되고 있기에 이젠 취직도 간단치가 않습니다. 그래서 변호사 자체가 인생의 목적이라면 곤란합니다. 어떠한 변호사로서 어떠한 일에 강점을 가질지에 대한 충분한 고민이 있어야 합니다.

변호사 업무를 수행하면서 신경을 쓰는 점은 무엇일까요?

새로 도입되는 제도와 규정들, 또 개정되는 법률을 놓치지 않고 챙기려고 하고 있습니다. 법률 분쟁이 생기지 않도록 미리 예방하고 교육하는 일에 신경을 많이 쓰고 있습니다. 분쟁이 발생하는 경우, 쌍방이 만족하는 결론을 얻기는 매우 어려운 일이지만 잘 조율될 수 있도록 최선의 노력을 기울이고 있습니다. 의사라고 해도 자기의 전문분야가 아니면 모르듯 변호사도 마찬가집니다. 끊임없이 공부하고 조사하고 노력해야 하는 것이 변호사인 것 같아요.

의사든 변호사든
사람에 대한
애정이
기본이다

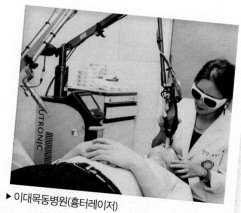

▶ 이대목동병원(흉터레이저)

▶ 환자 권리보호 형사법 쟁점 세미나 참석

성형외과 의사가 변호사가 됐다?
스펙끝판왕 이대목동병원 성형외과 홍승…
www.youtube.com

▶ 유튜브

Question

의사 경력이 변호사 업무에 주는 장점이 있나요?

의사 자격증을 가지고 있기 때문에 의료관련 건에서는 그 누구보다 전문적으로 접근할 수 있고, 사건 전체를 파악하는 힘이 탁월하다고 할 수 있습니다. 또한 의사 신분으로 다양한 역할을 가질 수가 있는데 현재 법원의 신체감정위원, 대한의사협회 감정위원, 학회 법제위원 등 의료계를 기반으로 한 다양한 법률활동을 하고 있습니다. 하지만 전문분야가 뚜렷하기에 의료가 아닌 다른 영역으로의 업무 확장은 쉽지 않은 단점도 있죠.

Question

의료 변호사로서 느끼시는 안타까운 현실이 있나요?

의료사건은 의료라는 특성상 실체적 진실을 알기 어렵습니다. 결과가 과실을 의미하는 것이 아님에도 불구하고 의료 행위의 결과가 만족스럽지 않을 때 소송으로 이어지곤 합니다. 소송으로 이어질 사건이 아니지만 소송에 휘말려 마음고생 하시는 분들을 보면 안타까울 때가 많죠. 또 의료 비전문가들이 소송을 수행하는 경우 정확한 쟁점을 보지 못한 채, 불필요한 주장만을 하기도 합니다. 그럴 땐 많이 안타깝지요. 심지어 제가 피고였던 의료분쟁 건도 있었답니다. 의료분쟁 예방을 위해서 그렇게 목소리를 냈지만 도리어 제가 소송에 휘말린 것이죠. 물론 의료과실이 인정된 사건은 아니었지만 그 과정을 거치면서 의사가 진료만 한다고 되는 것은 아니라는 걸 뼈저리게 느꼈습니다. 많은 분들이 제가 의사니까 의사 편일 것이라고 생각하십니다. 하지만 저는 누구의 편도 아닌 실체적 진실에 서려고 늘 노력합니다.

대한민국에서 변호사로 살아가는 실질적인 느낌을 알고 싶어요.

　TV 드라마에 나오는 변호사들은 왜 이렇게 멋지고 정의감이 넘치는지.. 그게 변호사의 모습인 줄 알았어요. 하지만 막상 변호사가 되어 보니 변호사의 업무 영역이 넓은 만큼, 변호사도 다양한 모습으로 살고 있더라고요. 저는 대학에 교수로 근무하고 있는 만큼 변호사로서 부귀영화를 누리는 일상은 아닙니다. 하지만 의사로서 진료만을 한다면 병원 경영, 관리 면에서는 제3자일 수밖에 없을 테지만, 변호사의 역할을 함으로서 진료 이외의 영역에서도 저의 의견이 무게감을 갖게 되니 조금 더 책임감을 갖고 일을 하게 되는 것 같아요. 변호사라는 직함이 붙음으로써 저의 의견은 조금 더 신뢰감을 주게 되고, 상대방을 경청하게 만들어주니 정말 뿌듯한 경험이죠!

　또 의사일 때는 보이지 않던 것들이 법률 공부를 하고 변호사가 되니 보이고, 그것이 불합리한 경우 개선을 위한 목소리를 내게 되더라고요. 이때 제 의견이 반영되어 제도 개선으로 이어지는 경우 정말 변호사 공부하길 잘했다 생각이 들어요. 저는 병원이라는 사회 속에서 이러한 뿌듯함을 느끼고 있지만, 더 넓은 세상을 마주하며 일하실 여러분들은 분명히 이 사회를 움직이는 중요한 엔진이자 사회를 변화시킬 수 있는 잠재적 동력이 될 수 있을 거예요!

바쁘실텐데 몸과 마음의 건강을 어떻게 챙기시나요?

언제나 여행을 즐깁니다. 일상에서 한 발짝 떨어져서 세상을 바라보는 것 자체가 저를 돌아보게 하고 앞으로 나아갈 새로운 힘을 부여합니다. 건강관리 방법은 적절한 식사와 운동이라고 말씀드리고 싶지만, 사실 그것마저도 제대로 챙기기 쉽지 않은 것 같아요. 스트레스가 만병의 근원이기에 좋은 생각과 긍정적인 자세로 임하려고 합니다. 요즘은 '나쁜 음식 먹지 말기'가 개인적인 건강 지침입니다.

Question 의사 변호사로서 앞으로의 방향은 어떻게 설정하셨나요?

의료현장에서 근무하는 변호사인 만큼 의학전문법률가로서 활동하면서 의료분쟁 예방과 동시에 의료사건을 정확히 해결하고 싶습니다. 임상진료에도 소홀하지 않으면서, 의료관련 제도에 대한 개선활동을 통해 환자와 의료진이 모두 만족할 수 있는 의료 법률환경을 만드는 것도 목표고요. 제가 가진 능력을 어떻게 이 사회에 환원할 수 있을지 계속 고민하고 있습니다. 하나도 가지기 어려운 자격증을 두 개나 가졌으니, 이 재능을 곱절로 나누어야 한다고 생각합니다.

의사 출신으로서 변호사를 지망하는
후배들에게 조언하신다면?

　변호사로서의 비전이 확실하다면 적극 추천합니다. 의사 출신 변호사는 의료에 대한 기본적 이해도가 있기 때문에, 긴 수습 기간 없이도 의료 전문 변호사로서 충분히 활동할 수 있다는 것이 큰 매력인 것 같아요. 뿐만 아니라 의료 산업, 의료 경영 등 의료와 관련된 영역이라면 의료환경에 대한 감각이 있는 의사 출신 변호사가 당연히 경쟁력이 있겠지요! 의료. 제약 및 바이오 시장이 확대되는 만큼 여러분의 의지만 있다면~ 아주 다양한 분야에서 능력을 발휘할 수 있을 거예요.

　하지만 동네 병원을 찾아가는 환자들과 달리, 의뢰인들은 단순히 동네 변호사 사무실을 찾아가지 않는 현실을 고려할 때 의사로서의 태도와 변호사로서의 태도는 다를 수밖에 없다는 것 역시 꼭 명심해야 할 것 같아요!

　가끔 의사가 좋은지 변호사가 좋은지 물어보는 분들이 있습니다. 아빠가 좋은지 엄마가 좋은지와 똑같은 질문이겠지요. 그래서 전 두 직업의 매력이 달라 다 사랑할 수밖에 없다고 대답해요. 의사라는 직업은 진료실이라는 한정적인 공간에서 환자만을 바라보고 환자의 건강 회복이라는 단 하나의 목적을 향해 나아가는 것인 만큼 그로 인한 보람이 상당하지만 사회와의 교감은 조금 부족해질 수 있어 아쉽지만, 변호사는 공간과 역할의 제한이 없어 하나의 뚜렷한 목적을 찾기 어려울 수 있으나 사회와 끊임없이 교감할 수 있다는 면에서 조금 더 역동적인 것 같아요. 이처럼 각각의 매력이 다른 만큼 의사 출신으로 변호사가 된다고 해서 6년간의 의대 생활을 낭비하고 생각하실 필요는 전혀 없어요. 분명 그 6년간의 시간은 여러분들을 더 특별한 변호사로 만들어 줄 거예요!

법은 소금이라고 생각합니다. 소금 없이 살 수 없듯이 법은 우리의 생활에 깊숙이 박혀 있죠. 법을 알고 법을 활용할 줄 아는 것 자체가 이미 큰 장점입니다. 정신 똑바로 차리고 살아도 쉽지 않은 인생살이에서 법은 분명 효율적인 도구입니다. 하지만 예전처럼 변호사라는 타이틀 자체가 인생의 영광을 주지 않습니다. 또 금은보화를 안겨주지도 않죠. 치열한 고민과 열정적인 삶의 태도를 유지해야 하며 끊임없이 공부하는 자세가 중요합니다. 변호사 역시 의사처럼 인간에 대한 애정이 기본입니다. 법도 사람을 우선으로 하기 때문에 사람에 대한 이해와 존중을 바탕으로 해야 합니다. 개인을 넘어 우리를 생각하시는 분들과 사회 공동체의 행복을 바라는 분들께 변호사를 적극 추천합니다.

부모님의 자율적인 교육방식 속에서 자랐지만 학업에는 남다른 소질을 보였다. 중학교의 좋은 학업성적으로 외국어고등학교에 진학하였고 동기부여를 줄 만한 친구들과 교류하면서 법조인의 꿈을 키웠다. 고등학교 시절 방송부 활동을 하면서 상대방과의 이견을 조율하고 최적의 대안을 찾아내는 훈련을 했다. 의사인 아버지의 봉사활동을 지켜보면서 사회에 기여하는 인물로 성장하고 싶은 희망을 품게 되었다. 법대 동아리에서 노동자 인권과 여성문제 등과 같은 사회문제에 깊숙이 관여하게 되었다. 건강을 해칠 정도로 변호사 자격을 취득하는 과정이 어려웠지만 분명한 목표가 있었기에 해낼 수 있었다. 현재 한화생명보험 법무팀 소속 사내변호사로 일하면서 보험 분쟁을 예방하고 처리해 나가고 있다.

김은지 변호사

현) 한화생명보험 법무팀
- 변호사(제3회 변호사시험 합격)
- 고려대학교 법학전문대학원
- 고려대학교 법과대학 법학과
- 한영외국어고등학교

변호사의 스케줄

김은지 변호사의 하루

06:00 ~ 08:00
▶ 기상 및 출근

08:30 ~ 10:30
▶ 업무 계획 작성
 (주간업무, 일일업무)
▶ 리서치 및 법령 해석,
 검토

10:30 ~ 11:30
▶ 법무팀 내부 회의
▶ 자문 검토의견 작성

11:30 ~ 13:00
▶ 점심 식사 및 휴게시간

13:00 ~ 16:00
▶ 소송 및 자문 등 품의서,
 보고서 작성
▶ 현업부서 회의 (사실관계 혹
 은 법률질의사항 확인 등)

16:00 ~ 18:00
▶ 소송 관련 법령 해석 및 서면,
 자문 검토의견 작성

18:00 ~ 19:30
▶ 퇴근 및 귀가

19:30 ~ 23:00
▶ 저녁식사 및 휴식

23:00 ~
▶ 취침

아빠는 의사로,
저는 변호사로
세상을
바꿀게요

▶ 초등학교 시절 캐나다 여행

▶ 고등학교 시절 같은반 친구들과 함께

▶ 고등학교 시절 중국 어학연수 때 중국 의복체험

Question **어린 시절부터 공부를 굉장히 잘하셨다고 들었습니다.**

저는 초등학교 때부터 공부를 잘하는 편에 속했습니다. 뛰어나게 명석하지는 않았지만 어렸을 때부터 참을성이 많고 자존심이 강해서 목표가 주어지면 끝까지 열심히 했던 것 같아요. 중학교에 진학한 후엔 성적에 대한 욕심이 생겨서 학업에 매진해 항상 반에서 1등을 놓치지 않았습니다. 외국어 능력이 중요하다고 생각하여 한영외국어고등학교 중국어과에 입학했답니다. 그곳에서 영어와 중국어 등 어학능력을 체계적으로 배양할 수 있었고, 자신들의 관심분야에 최선을 다하는 멋진 친구들도 만날 수 있었습니다.

Question **장래 직업에 대해서 부모님의 관여는 없으셨나요?**

부모님은 제가 뭔가를 결정할 때 스스로 정하게끔 늘 기다려주시는 편이었어요. 진로나 장래희망에 대한 제 의사를 매우 존중해 주셨고 특정한 직업이나 전공에 대해서 강요한 적이 없었습니다. 학창 시절 수학·과학보다는 국어·영어·사회 과목을 더 좋아하고 잘했던 저는 법률가가 되고 싶다는 생각을 품게 되었습니다.

외국어고등학교에 입학하고 나서 처음에 힘드셨다면서요?

외국어고등학교에 입학하고 난 뒤 처음 중간고사 성적을 받았을 때의 기분을 잊을 수 없습니다. 중학교 때 항상 반에서 1등을 놓치지 않았었는데, 외국어고등학교에서는 중위권에 겨우 머물러 있는 성적을 받았죠. 성적에 충격을 받고 그때부터 독하게 제 자신을 채찍질했던 것 같아요. 꼭 누군가를 이겨야겠다는 마음이 아니라 스스로 좋은 성적을 받고 싶어 욕심을 냈습니다. 원래 자신 있던 영어나 수학 같은 과목들도 성적이 많이 떨어져서 실력을 높이기 위해 부단히 노력했던 기억이 있습니다. 같은 반 친구들 대부분 학업에 열중하는 모습이었고, 그런 모습들을 보며 본받아야겠다는 마음도 들고, 뒤처지면 안 되겠다는 위기감도 같이 느낀 것 같아요. 모두들 열심히 하는 분위기이다 보니 성적이 금방 오르지는 않았지만 3학년 1학기 때 성적 장학금을 받을 정도로 성적이 어느 정도 향상되었습니다. 그때부턴 자신감이 붙어서 노력하면 원하는 대학에 갈 수 있다는 믿음을 갖고 꾸준하고 성실하게 대학 입시를 준비했습니다. 물론 재수의 아픔을 겪었지만 결국은 원하던 대학교 원하던 학과에 입학할 수 있었습니다.

Question **외국어고등학교에서의 생활을 자세히 설명해 주실 수 있나요?**

학업에 최선을 다하면서도 교내 행사나 동아리 활동 등 여러 방면에서 적극적으로 임했던 것 같아요. 학교 친구들과의 치열한 경쟁도 있었지만 상호 협력의 중요성도 깨닫게 되었죠. 입학하자마자 교내에서 가장 활발한 활동을 하는 방송부 동아리에 들어갔습니다. 방송부 활동을 하면서 교내 아침·점심 방송을 하였고 발표회나 입학식에도 관여하였고 선후배들과 함께 영화 연출도 하였답니다. 그러다가 방송부 회장직까지 맡게 되었죠. 방송부원들과의 이견을 조율하는 과정에서 바람직한 대안을 찾아내는 기술도 터득했던 것 같아요.

의사이신 아버지를 따라
의사의 길로 가실 수 있었을 텐데요?

의사이신 아버지께서 여름마다 나병환자 무의촌 진료 봉사를 하러 가셨고 격주로 요양원에 가서 봉사 진료도 하셨어요. 자신의 능력을 보람되게 쓰시는 아버지의 모습을 본받고 싶었답니다. 저도 아버지처럼 훌륭한 사람이 돼서 사회에 의미 있는 일을 하고 싶었죠. 어린 시절에는 어떤 일을 해야 할지 정확히 몰랐었지만, 가끔 TV나 영화에 등장하는 변호사나 판사의 모습이 멋지다는 생각이 들었던 것 같아요. 중학교 때는 나름대로 법률가가 되려면 어떻게 해야 하는지에 대한 책도 사보면서 스스로 동기를 부여했습니다. 법률가가 되면 세상을 좀 더 나은 방향으로 바꿀 수 있다고 생각했던 것 같아요.

치열한
경쟁의 진흙에서
피어나는
변호사 꽃

▶ 법대 동기들과 찍은 졸업사진

▶ 변호사시험 공부하던 도서관

▶ 로스쿨 재학시절 로펌설명회 참석

대학 시절 법대 동아리에서 어떤 활동을 하셨나요?

법대 포스트참틀학회 동아리에 가입해서 다양한 활동을 했습니다. 포스트참틀학회는 사법개혁과 법원 모니터링을 하는 학회입니다. 학회 활동을 통해서 법적인 분야 외에도 한국전쟁 위안부 여성문제, 비정규직 노동자의 인권과 같은 사회문제에 대해 깊이 고민하는 기회를 갖게 되었죠. 덕분에 사람들과 어울려 소통하고 대화를 나누는 것을 즐기게 되었고 어떤 사안을 대할 때마다 그 이면에 숨겨진 가치 대립을 감지해 내는 능력도 갖추게 되었답니다.

Question 법조인 중에서 변호사로 정하게 되신 특별한 이유가 있으신가요?

법조인의 꿈을 이루기 위해서 일단 법학과에 진학했습니다. 처음에는 예상했던 것보다 법학이 너무 어렵고 공부량이 많아서 매우 힘들고 좌절한 적도 많았답니다. 하지만 법조인이 되겠다는 목표는 변함이 없었고 최선을 다하면 이루어질 거라 믿었죠. 변호사는 판결을 내리는 판사와 수사를 하는 검사와는 달리 활동할 수 있는 직역이 매우 넓고 다양하다는 생각이 들었습니다.

법과대학 재학시절 동기들과 함께 사법시험 준비를 하였는데, 공부 하는 과정에서 이미 사법시험에 합격하여 사법연수원에 간 선배님들의 조언을 많이 들을 수 있었습니다. 먼저 사법시험에 합격한 선배들의 얘기를 들어보니 사법연수원은 변호사보다는 판, 검사 위주의 실무 교육이라는 것을 알게 되었습니다. 마침 법학전문대학원 제도가 도입되어 시행되었고, 법학전문대학원에 가면 변호사가 되기 위한 보다 전문적이고 특성화된 교육을 받을 수 있다고 생각하여 법학전문대학원에 입학하게 되었습니다.

법학전문대학원 재학 기간에는 고등학교, 대학교 때와는 비교할 수 없을 정도로 성적에 대한 압박감과 치열한 경쟁 분위기가 심했습니다. 상대평가 제도이기 때문에 모두가 경쟁자일 수밖에 없었죠. 목표가 생기면 그것만을 바라보고 완벽하게 완성하려는 의지 때문에, 건강에도 문제가 생겨 만성두통과 식도염을 앓기도 했답니다. 하지만, 치열한 경쟁 분위기 속에서도 마음에 맞는 친구들을 만나 서로의 고충을 공유하면서 힘든 기간을 잘 이겨낼 수 있었습니다. 고등학교 때부터 이미 경쟁과 성적에 대한 압박감을 이겨내는 힘이 길러져 있었던 것 같아요. 자신감을 잃지 말고 꾸준히 노력하면 결국엔 해낼 수 있다는 믿음도 어느새 제 자신 속에 자리 잡고 있었다고 생각합니다. 경쟁 분위기 속에서도 동기들 간에 스터디그룹을 만든 것이 도움이 많이 됐습니다. 사례풀이 연습도 하고 특정 사례에 대하여 다양한 의견을 교환하면서 법학에 대한 이해도를 높일 수 있었습니다.

　법률가라면 어떤 직역에서 일해도 상관없다는 마음이었지만, 법학전문대학원 기간을 지내면서 검사나 로클럭보다는 로펌이나 기업에서 일하는 변호사를 더 꿈꾸게 되었습니다. 법학전문대학원에서는 졸업과 동시에 변호사시험 합격 후 바로 취업에 들어가기 때문에 재학 기간 방학 중에 실무수습, 인턴 활동을 하는 것이 일반적입니다. 로펌이나 기업에서 모두 인턴 활동을 하면서 많은 것을 접할 수 있었고, 실제 변호사가 로펌이나 기업에서 어떤 업무나 역할을 하는지 단편적이나마 배울 수 있었습니다. 그러는 과정에서 작은 조직보다는 후배 변호사에 대한 양성 시스템이 갖추어진 큰 조직에서 변호사로서의 첫 커리어를 시작하고 싶다는 생각이 들어 소형 법률사무소보다는 중대형펌이나 대기업 법무조직 위주로 문을 두드렸습니다. 현재 직장은 법학전문대학원 2학년 겨울방학 때 한화그룹의 채용 전제 인턴쉽에서 최종 합격하게 되었고, 이후 변호사시험 합격 후 입사하게 되었습니다.

후회 없이
도전하고
끊임없이
진화하라

▶ 법원 그림자배심원으로 참여한 후 찍은 기념 사진

▶ 회사 봉사활동 당시 윤리경영팀 단체사진

" 지식도 물론 중요하지만,
협업정신이 필수적인 자질이며 분쟁을 해결하려는
리걸 마인드도 필요 자질 중 하나라고 생각합니다. "

▶ 회사 블로그 촬영 및 인터뷰 당시

사내변호사로서 지금은 어떤 일을 주로 하시나요?

보험금 청구 혹은 각종 사업 추진과 관련하여 거의 모든 현업부서로부터 법무팀에 각종 자문 요청이 들어옵니다. 현업부서에서 인지하고 있어야 할 법적인 위험을 알려주기도 하고, 이에 대한 대응 방안을 제시하기 위해 다수의 의견서를 작성하고 있습니다. 법뿐만 아니라 시행령, 각종 고시, 행정지도, 지침 등까지 모두 꼼꼼하게 다루게 됩니다. 문제가 될 만한 법적 위험을 정확하게 찾아내서 그 해결책을 제시하는 데 최선을 다하고 있습니다. 기업 내에서 변호사가 수행해야 하는 가장 기본적인 역할은, 법적인 위험을 지적하고 그 해결책을 제시하는 것입니다.

Question

사내변호사에게 더욱 필요한 능력과 자세가 있을까요?

사내변호사는 기업 내부사정에 대한 높은 이해를 바탕으로 상황에 적합한 실질적인 의견을 경영진에게 제시할 수 있어야 합니다. 외부 법률자문에 들이는 비용과 시간을 절약할 수 있기 때문에 기업의 경영과 성장에 필수적인 도움이 된다고 생각합니다. 사내변호사에겐 기업조직 내부에서 이루어지는 소통이 매우 중요하기 때문에 협업정신, 소통능력 같은 자질이 더 필요하다고 할 수 있죠.

보험사의 특성상 분쟁이 많기에 소송을 접할 기회가 많습니다. 보험금 청구소송 및 대여금 소송, 사해행위 취소소송, 수수료반환 청구소송 등 회사에서 일어나는 각종 소송들을 맡아 직접 수행하기도 하고 소송대리인을 선임하기도 합니다. 소송의뢰를 받게 되면 먼저 승소 실익이 있는지 등을 검토한 후에 소송대리인을 선임한답니다. 소송 과정에서 적절한 대응을 하기 위해 직접 현업부서에 자료를 요청하고 소송대리인에게 회사 입장을 충분히 설명합니다. 또한 보험사 내에는 보험업에 대한 법률, 고객정보 보호, 금융업에 대한 각종 규제 등 반드시 숙지해야 할 법률 지식이 많습니다. 법률 지식에 대한 교육이 필요하기 때문에 직원들을 대상으로 법률상담을 하거나 최신 보험판례나 보안 관련 교육을 실시하기도 합니다.

Question 사내변호사가 직접 법정에 나가기도 하나요?

대부분의 사내변호사는 직접 소송을 수행하지는 않고 외부의 소송대리인에게 위임합니다. 다만, 보험사의 특성상 소송 분쟁이 많다 보니, 처음에 입사했을 당시에는 직접 수행하는 소액사건 소송도 꽤 있었습니다. 그런 경우에는 서면도 직접 작성하고, 법정에 가서 변론을 하기도 하지요. 처음에 법정에 가 재판장 앞에 섰을 때 떨리고 설레던 기분은 잊히지 않아요. 법과대학 시절 법정 견학도 여러 번 가고, 법학전문대학원 재학 시절에 모의법정에도 서보기도 했지만, 진짜 변호사가 되어 직접 법정에 서보니 긴장되면서도 스스로 뿌듯한 기분이었어요. 소송 말고도 다수의 노동위원회 사건에서 심문 기일에 직접 참여하였는데 회사의 이익을 위해 대신 싸워주는 변호사라는 직업이 매우 흥미롭고 해볼 만하다는 생각이 들었지요. 지금도 소송 등 분쟁 사건을 받으면 어떻게 하면 조금이라도 회사에 유리한 결과를 받을 수 있게 전략을 짜야 하나 고민을 하고 있고, 이러한 고민은 변호사 직역에서 일하는 한 계속될 것 같습니다.

Question 변호사로서 하루의 일과를 간단히 설명해 주시겠어요?

8시 반에 출근하여 업무를 시작하고, 오후 6시에 업무를 마치고 퇴근합니다. 가끔 초과근무를 할 때도 있지만, 로펌 변호사에 비하면 야근하는 경우는 많지 않은 편입니다. 귀가하면 휴식을 취하고 주로 가족들과 시간을 보냅니다.

Question 사내변호사 지망생들에게 조언 부탁드립니다.

기업 내에서 변호사가 그 전문성을 인정받기 위해서는 해당 기업이 영위하는 업무에 대한 높은 이해가 필수적입니다. 저 같은 경우는 보험사 소속이다 보니 보험업 동향에 대해 꾸준히 관심을 갖고 관련 최신 법령 개정이나 판례 등을 숙지하려고 노력합니다. 사내변호사 경력을 지망하는 분들이 계시다면, 로펌 변호사뿐 아니라 사내변호사도 전문성 향상을 위해 끊임없이 노력해야 한다는 점을 명심하면 좋을 것 같아요. 그리고 법률문제를 접하고 이에 대한 해결방안을 찾아내는 변호사의 능력은 매우 유용합니다.

Question 변호사로서 앞으로의 계획은 어떠신지요?

일단 현재 직장에서 전문성을 꾸준히 향상시키는 것이 목표입니다. 뛰어난 업무능력으로 경영진의 신뢰와 인정을 받고 기업 내에서 성장해나가고 싶어요. 또 한편으론 영어나 중국어 등 외국어 능력을 향상시켜 국제적인 업무 등에 대한 이해도도 높이고 싶고요. 그러기 위해서 틈틈이 시간을 내서 외국어 공부를 할 계획입니다. 물론 현실적으로 일을 하면서 공부할 시간을 내는 것이 쉽지는 않겠죠. 그래도 의지를 갖고 노력하면 언젠가 목표에 다다를 거라 믿습니다.

어린 시절 하고 싶은 것도 많고 밝으면서 리더쉽도 충만한 아이였다. 학창 시절 앵커의 꿈도 있었으나 언론학이나 신문방송학에 대한 확신이 서지 않았다. 그러던 중에, 잘못된 기소나 판결로 인해 억울한 징역살이하는 사람들에 대한 방송을 보면서 법조인의 길을 선택하게 되었다. 변호사가 되고 난 후 첫 직장은 부동산 금융 전문 로펌이었다. 그곳에서 은행, 증권사, 캐피탈사, 자산운용사 등 다양한 금융기관들을 고객으로 법률 검토를 하는 업무를 했다. 로펌에서 한국신용정보원으로 이직하면서부터 사내 변호사로서 커리어를 쌓아가고 있다. 한국신용정보원에서는 신용정보 관련 법령 검토, 신용정보관리규약 및 내규 제·개정, 금융위원회 및 금융감독원과의 정책 협의, 사내 정보보호, 금융기관 임직원 대상 법률교육 등의 업무를 담당했다. 현재 개인정보보호위원회에 소속되어 있으며, 얼마 전 출산을 한 후로 지금은 육아휴직 상태다. 개인정보보호위원회는 국민들의 개인정보 보호를 총괄적으로 담당하는 컨트롤타워와 같은 역할을 하는 곳으로서 개인정보 법령과 정책을 직접 만들기도 하고 이미 만들어진 법령이나 제도를 개선하기도 하는 중앙행정기관이다.

안민지 | 변호사

현) 개인정보보호위원회
- 법무법인 퍼스트, 한국신용정보원
- 변호사(제4회 변호사시험 합격)
- 이화여자대학교 법학전문대학원
- 이화여자대학교 법과대학
- 경기여자고등학교

변호사의 스케줄

안민지 변호사의 하루

20:00 ~ 22:00
▶ TV 시청 및 휴식
22:00 ~
▶ 취침

05:30 ~ 07:30
▶ 기상 및 출근

07:30 ~ 09:10
▶ 오전 근무 시작
09:10 ~ 09:40
▶ 침해평가과 내부 회의
10:00 ~ 12:00
▶ 위원회 전체 회의

16:30 ~ 18:30
▶ 퇴근 및 저녁식사
16:30 ~ 18:30
▶ 산책 및 가벼운 운동

13:00 ~ 14:30
▶ 관련 정부부처와
유선 업무 협의
14:30 ~ 15:30
▶ 위원회 내부 직원
법률 질의응답
15:30 ~ 16:30
▶ 담당 안건
검토 및 처리

12:00 ~ 13:00
▶ 점심식사

앵커의 꿈이
방송을 통해
법조인으로
바뀌다

▶ 대학교에서

▶ 로스쿨, 공부책상

▶ 로스쿨, 공부책상

Question 어린 시절 독특한 캐릭터였을 것 같은데요?

어린 시절에는 항상 하고 싶은 게 많은 아이였던 걸로 기억합니다. 초등학생 때에는 공부와 노는 것 둘 다 놓치고 싶지 않아서 친구들이 다니는 학원은 전부 다니고 매번 반장·회장을 도맡아 했었죠. 인기 있는 만화영화도 챙겨보고 놀이터와 오락실(지금의 PC방)에서 노는 것도 빼먹지 않았답니다. 특히 남들보다 일찍 일어나 조용한 새벽시간을 활용하는 걸 좋아했었죠. 아직도 가족들 사이에서 계속 회자되는 얘기는, 제가 열 살 무렵 매일 새벽 5시에 일어나 체육관에서 태권도를 하고 난 후 등교를 했었다는군요. 한겨울에 눈이 많이 쌓인 날에도 어김없이 어두컴컴한 새벽에 도복을 입고 체육관을 가더랍니다. 제 뒷모습을 보시고 어머니께서 '뭐 저런 애가 다 있냐?'하고 놀라셨다고 합니다. 지금 생각해봐도 그땐 참 열심히 사는 어린이였던 것 같아요.

Question 어린 시절 남다른 꿈이 있으셨나요?

학창 시절에 누군가가 '커서 뭐가 되고 싶냐'고 물으면 '앵커'라고 대답했었던 기억이 있습니다. 사실 앵커라는 직업에 대해 깊게 고민을 했다기보다 매일 밤 9시가 되면 부모님께서 TV 뉴스를 시청하셨거든요. 옆에서 지켜보니 세상 돌아가는 상황을 온 국민에게 전달해주는 앵커라는 직업이 굉장히 멋져 보였습니다. 또한 초등학교 방송반에서 아나운서로 뽑혀서 아침 교내방송을 진행했는데, 교장선생님께 특별히 칭찬을 받기도 했거든요. 정말 제가 뉴스 진행에 소질이 있다고 생각했던 것 같습니다.

Question 앵커의 꿈이 법조인으로 바뀐 이유를 알고 싶군요

꿈은 앵커였지만, 막상 고등학생으로서 대학의 학과를 고민하다 보니 언론정보학과나 신문방송학과에 대한 확신이 들지 않더라고요. 고등학교 3학년이 되면서부터 앞으로 세상을 살아가는데 필요한 직업이 무엇일지 진지하게 고민해 보기 시작했던 것 같아요. 그러던 중에 우연히 범죄를 저지르지 않았지만 잘못된 기소나 판결로 인해 징역살이를 하거나 평생 범죄자 낙인이 찍혀 고생하는 '사법 피해자'들에 대한 방송을 보게 되었죠. 법률가는 한 사람의 인생을 좌지우지할 수 있는 중요한 직업이라는 생각이 들었습니다. 그렇다면 그런 중요한 일을 단지 지켜보지만 말고 내가 직접 해봐야겠다는 생각이 들어서 법학을 공부하기로 결심했어요.

Question 대학에 입학하면서 질적으로 새로운 삶이 시작되었나요?

대학에 입학해서 드디어 청소년이 아닌 성인이 되었다는 생각에 들떴던 기억이 있습니다. 제가 어렸을 때부터 생각해 온 성인은 화장도 하고 술도 마시면서 밤늦게 놀아도 부모님에게 간섭받지 않는 모습이었거든요. 대학 새내기가 되면서 동아리 활동도 하고 대학로에 연극도 보러 다니면서 하고 싶었던 것들을 이것저것 많이 해봤습니다. 하지만 대학생도 결국엔 학생 신분이기에 교복만 안 입었을 뿐이지 중간고사와 기말고사가 있더라고요. 교수님이 내주시는 다량의 과제들(중고등학생 때에는 상상도 할 수 없었던 분량의 과제를 내주시기도 합니다)이 있었기에 '이제 자유다'라는 생각이 엄청난 착각임을 깨달았죠.

Question 법과대학 성적을 어떻게 관리하셨나요?

대학교 1학년 첫 학기에 좋지 않은 성적을 받아보고 나름 충격을 받았었죠. A+로 도배된 성적을 받고야 말겠다는 욕심이 생겨서 시험 한 달 전부터는 민낯에 운동복만 입고 다

니면서 24시간 열려있는 학교 도서관에서 거의 대부분의 시간을 보냈답니다. 정말 노력은 배신하지 않더라고요. 그다음 학기부터 졸업할 때까지는 대부분 과목을 A+를 받았었고, 졸업할 때에는 상위 3% 이내의 성적으로 법과대학 최우등 졸업을 하게 되었습니다.

Question 법학을 공부하면서 진로에 대한 고민은 없으셨나요?

나름대로 법학을 즐기면서 공부했지만, 대학 3학년부터는 졸업 후에 무슨 일을 하면 좋을지 다시 고민이 되었답니다. 학교 다니면서 법학 공부를 하는 것은 그럭저럭 재밌었지만 사법시험을 준비하거나 로스쿨에 들어간다는 것은 모험이었죠. 당시에는 사법시험과 로스쿨 제도가 병행되고 있는 시점이었습니다. 사실 언제 합격할지도 모르는 기약 없는 수험생활을 할 자신이 없었답니다. 어렸을 적부터 꿈꿔오던 앵커에 도전할지, 아니면 법대 친구들처럼 사법시험이나 로스쿨 입시를 준비해야 할지 많이 고민했었죠.

Question 법조인 중에서 특별히 변호사 직업에
매력을 느끼신 경험이 있었나요?

방학 때 우연한 기회에 한 로펌(나중에 변호사가 된 후 첫 직장이 된 곳)에서 인턴으로 일하게 된 적이 있었습니다. 로펌 변호사들이 지시하는 리서치 업무를 수행하고 보조하면서 변호사들의 삶을 직·간접적으로 체험할 수 있었죠. 변호사라는 직업이 실력과 경력을 갖춘다면 나이와 성별에 상관없이 타인으로부터 존중을 받고, 스스로도 자부심을 느끼며 일할 수 있다는 느낌을 받았습니다. 그리고 변호사마다 독립적인 방에서 일하는 모습도 좋아 보였고요. 공무원 신분을 갖게 되는 판검사에 비해 보다 유연하게 일할 수 있다는 점도 저에겐 매력적으로 느껴졌습니다.

로스쿨에서의
나의
스트레스해소제는
맛집투어!

▶ 로스쿨, 홍콩대 로스쿨 연수

▶ 로펌, 어머니와 함께

▶ 로펌, 아버지와 함께

로펌 변호사들의 추천으로 변호사에 도전하셨다고요?

로펌 인턴으로 일하던 중, 로펌 변호사님들이 저를 좋게 평가해 주시면서 변호사가 되어보라고 응원해 주셨습니다. 직접 변호사로 일을 해보신 분들이 따뜻한 말씀을 해주시니 비로소 저도 도전해보고 싶다는 결심이 섰습니다. 용기를 내서 한 학기 휴학하고 약 6개월간 사법시험 1차에 매진했던 기억이 납니다. 비록 기간은 짧지만, 제 인생에서 정말로 힘든 시기였습니다. 우선 1차에 통과해야 다음 단계인 2차 시험에 응시할 자격이 주어지니 조금이라도 빨리 1차에 합격하고 싶어 마음이 조급했어요. 참고로 그 당시 사법시험은 객관식 문제로 치르는 1차 시험, 서술형 문제로 치르는 2차 시험, 그리고 면접 시험으로 이뤄져 있었습니다. 최종 합격하고 나면 사법연수원에서 연수를 마치고 법조인의 자격을 취득하게 됩니다.

사법시험 준비가 쉽지는 않았을 텐데요?

아침 7시에 일어나 밤 12시까지 식사시간, 커피 마시는 시간을 제외하고는 그냥 공부에만 매진했었죠. 심지어 밥을 먹으면서도 암기책이나 판례집을 보면서 먹고, 집에서 독서실이나 도서관에 이동하는 길에도 항상 손에는 공부할 거리를 들고 다니면서 신호등이 파란불로 바뀔 때까지 잠깐 한 문장을 외우는 식으로 스스로를 채찍질하면서 지냈어요. 그 당시에는 잠깐 휴식을 취하려 해도 '다른 수험생들은 지금 공부하겠지'라는 생각이 들어 마음이 불편했고, 1차준비기간이 짧은 만큼 남들보다 한 글자라도 더 읽고 시험장에 들어가겠다는 생각으로 조급하게 보냈습니다. 200여 일을 이렇게 살다 보니 매일 공부만 하면서 똑같이 보내는 일상이 굉장히 괴로웠습니다. 잠자리에 들 때면, 오늘 다 하지 못한 공부와 내일 해야 할 공부가 떠올라 침대에 누워 눈만 깜빡거렸죠. 한숨도 못 자고 동이 트는 걸 보기가 일쑤였답니다. 이러한 불면증에 시달리면서 약국에서 수면 보조제를 사 먹기도 하고 새벽에 라디오를 들으면서 잠을 청해보는 등 억지로 자려고 노력도 해봤죠. 하지만, 시험일이 다가올수록 불안한 마음과 긴장감은 더욱 심해졌습니다.

사법시험에서 법학전문대학원으로
전향하신 이유가 궁금하군요?

짧게나마 아등바등 준비해봤던 사법시험 1차는 결국 낙방했습니다. 다시금 불면증과 스트레스를 겪으며 고시생 생활을 할 자신이 없었답니다. 마침 도입된 지 얼마 안 된 법학전문대학원(로스쿨) 제도에 대하여 진지하게 고민해 보기 시작했어요. 제가 수험생활을 하는 동안 이미 로스쿨 1기로 입학한 같은 과 선배도 로스쿨 입시를 추천해주었습니다. 하지만 부모님께서는 사법시험 공부기간이 짧았으니 다시 충분히 준비할 것을 권유하셨지요. 아마도 다른 고시생들처럼 몇 년씩 도전해보지도 않고 너무 빠르게 포기하는 것 같다고 생각하신 모양입니다.

Question ## 로스쿨로의 전향에 대해서 어떻게 부모님 설득하셨나요?

부모님 세대에게는 로스쿨이라는 신생 제도가 낯설 테니 최대한 로스쿨의 장점을 구체적으로 말씀드렸습니다. 로스쿨 도입 후에 사법시험 합격자 수가 대폭 감소하여 사법시험 합격률이 급격히 낮아진다는 점과, 로스쿨 졸업 시에는 대학원 석사학위를 받게 되는 점, 그리고 앞으로는 사법시험이 폐지되고 법조인 선발 절차로는 로스쿨 제도만 남게 될 거라고 말씀드렸습니다. 로스쿨에 들어가서 변호사가 되어도 추후 변호사로 활동하는 데 전혀 지장이 없을 거라고 부모님을 설득했죠. 마침내 로스쿨 입시시험인 '법학적성시험(LEET)'에 응시하게 되었답니다. 계가 드러나겠죠.

로스쿨에서는 어떻게 지내셨나요?

학기 중에는 필수 수강 과목(헌법, 민법, 형법, 민사소송법, 형사소송법 등과 같이 졸업을 위하여 반드시 이수하여야 하는 기본 과목)과 선택 과목(국제거래법, 의료소송법 등 필수 과목 외에 본인이 선택하여 수강하는 과목)을 이수하는 것만으로도 꽉 찬 하루하루를 보내고, 방학을 이용하여 추후 변호사로서 어떤 업무를 해보고 싶은지 경험해보는 시간을 가졌습니다. 1학년 여름방학에는 서초동의 한 법률사무소에서, 겨울방학에는 유명 대형 로펌에서 실무수습을 했고, 2학년 겨울방학에도 로펌에서 실무수습을 했습니다. 1학년 2학기부터 2학년 1학기까지는 금융법을 가르치시는 교수님의 조교로 일하기도 했었죠. 로스쿨 생활은 대학 때보다 훨씬 경쟁적이고 치열한 분위기 속에서 보냈기에 3년 내내 긴장의 끈을 놓을 수 없었습니다.

Question 로스쿨에서의 스트레스를 어떻게 극복하셨나요?

3년을 버티려면 저만의 스트레스 해소법을 찾아야겠다고 생각해서 교내 헬스장에서 운동도 해보고 신나는 음악도 들어봤었죠. 하지만 저에게 제일 효과가 좋았던 방법은 학교 주변의 다양한 맛집들을 찾아가면서 맛있는 음식을 즐기는 것이었습니다. 공기마저 삭막하게 느껴지는 시험기간에,
동기들은 시간을 아끼겠다며 음료나 과자로 식사를 때우면서 도서관에 앉아서 공부하더라고요. 저는 꿋꿋이 학교 밖으로 나가서 돈가스를 사 먹고 돌아왔던 기억이 납니다. 그렇게라도 잠시 기분전환을 하고 나면 다시 공부할 힘이 생기곤 했죠. 3년 내내 그렇게 '맛집투어'하는 재미로 로스쿨 생활을 버텨나간 것 같아요.

변호인이여!
자신과 세상을
변호하라

▶ 신용정보원, 강의 중

▶ 신용정보원, 위원장 표창 수상

▶ 신용정보원, 위원장 표창 수상

Question 변호사시험을 준비하는 과정이 궁금합니다.

돌이켜보면 제 인생에서 가장 힘들고 괴로웠던 시간은 바로 변호사시험을 앞둔 시기였습니다. 특히 시험 한 달 전부터 불합격에 대한 불안과 스트레스가 극심했답니다. 변호사시험이 다른 시험과 가장 다른 점은 객관식, 서술형, 기록형과 같이 총 3가지 유형으로 구성되어 있어 다양한 시험 지문에 대처하는 능력을 키우는 것이 중요했습니다. 그때도 역시 고생하는 나 자신을 위해 매일 선물로 케이크 한 조각과 커피를 빠짐없이 먹으면서 스스로에 대한 보상을 주려고 했습니다. 하지만 중요한 시험이 코앞에 닥친 시점이 되니 스트레스는 쉽게 풀리지 않았고 정신력과 체력은 한계를 맞이했습니다.

Question 변호사시험이 많이 힘들다고 들었습니다.

변호사시험은 총 5일간 진행되는데, 이틀 동안 하루 종일 시험을 치르고 하루 쉬고 다시 이틀간 시험을 치릅니다. 참고로 시험 시작 시각이 오전 10시고 종료 시각이 저녁 7시입니다. 시험 기간에 좀비처럼 잠도 제대로 못 자고, 다음 시험과목 공부에 몰두하면서 전혀 인간답지 못한 생활을 했습니다. 지금 돌이켜봐도 제 인생에서 변호사시험처럼 큰 난관은 없었던 것 같아요. 저는 얼마 전에 출산했는데 당시 출산의 고통도 변호사시험 응시만큼 힘들지는 않았을 정도입니다. 진통이 올 때 '변호사시험도 치렀는데 애도 낳을 수 있겠지'라고 생각하면서 견뎠답니다.

합격 전에 이미 로펌에서 일하셨다고요?

변호사시험 합격 발표가 나기 전에 로펌에 취직해서 이미 예비 변호사로 근무하고 있었습니다. 하지만 막상 일을 해보니 변호사의 업무량이 만만치 않더라고요. 그래서 은연중에 '시험에 최선을 다했으니 떨어지면 하늘의 뜻이다'라고 변명하면서 변호사의 길을 벗어나려고 했던 것 같아요. 다시는 변호사시험을 보지 않고 다른 일을 하면서 살려고 다짐했었죠. 그런데 변호사를 하라는 하늘의 계시인지 그해 바로 합격해서 정식 변호사로 일하게 되었답니다. 아마도 후회 없는 수험생활을 보냈기 때문에 설령 불합격하더라도 미련 없이 포기하겠다는 마음을 가졌던 것 같아요. 돌이켜보면 그만큼 열심히 해야만 합격할 수 있는 시험인 것 같습니다.

변호사 직업이 일반 직장과의 차이점이 있을까요?

일반 직장과 변호사의 가장 큰 차이점은 이직이 수월하다는 점이라고 생각합니다. 아직 학생 신분일 때는 이게 왜 좋은 점인지 크게 와닿지 않겠지요. 막상 사회에 나와서 특정 조직에 소속되어 일하다 보면 분명 회의감을 느끼거나, 보다 나은 환경에서 일하면서 다양한 경험을 쌓고 싶다는 생각이 들 때가 있을 거예요. 다른 업종의 경우, 다니던 직장을 그만두고 새로운 직장에 취직을 하는 것이 쉽지는 않을 겁니다. 하지만 법조계는 다니던 직장을 바꾸는 것이 매우 빈번하게 일어납니다.

판사가 변호사가 되기도, 변호사가 검사가 되기도 하는 등 본인의 역량에 따라 판·검·변 중 원하는 직업으로 바꾸는 것도 가능하죠. 저 역시 벌써 세 번째 직장을 다니고 있습니다. 전문자격증이 있다는 이유로 여전히 변호사들을 필요로 하는 곳이 많죠. 자유롭게 이직이 가능하기 때문에 지금 소속된 조직보다 본인에게 더 잘 맞는 곳을 찾아다니며 끊임없이 스스로를 계발할 수 있습니다.

변호사 자격을 취득하더라도 반드시 변호사로 일하지 않아도 됩니다. '변호사로 일하지 않을 거라면 왜 변호사가 되냐'고 반문할 수도 있겠지만, 실제로 변호사가 되고 나서 창업을 하거나 일반 회사원으로 취직하는 사람들도 많습니다. 굳이 어렵게 변호사 자격증을 딸 필요가 있는지 의문이 들 수 있겠죠. 제 생각에는 법학은 자신과 가족, 친구들에게 일어날 수 있는 법적 다툼을 해결할 수 있는 도구이기 때문에 어떤 직업을 갖게 되더라도 업무에 응용이 가능하고, 또 언제든지 실생활에서 써먹을 수 있습니다. 예를 들면, 변호사 자격증을 취득한 후 공무원이 되어서 사회문제에 대한 정책을 세울 때, 자취를 하고 있는데 집주인이 부당하게 내쫓을 때, 부모님이 의료사고를 당하셨을 때, 돌아가신 아빠 빚을 대신 갚아야 할 때 등 살면서 겪을 수 있는 일들이 법과 긴밀히 관련되어 있습니다. 법을 안다는 것 자체가 세상을 살아가는 데 큰 도움이 됩니다.

변호사에게
청소년들이 묻다

청소년들이 변호사에게
직접 물어보는 10가지 질문

법대에서의 수업은 재미있나요?

법대에 진학한 후에 막대한 공부량에 당황했습니다. 하지만 법학에서 중요하게 다루는 것이 실제 있었던 사건에 대한 법원의 판결(판례)이었다는 것이죠. 마치 현실에서 벌어지는 일을 접할 수 있다는 점에서 큰 흥미를 느꼈습니다. 때로는 실제 삶 속에서 벌어지는 일들이 영화나 드라마보다 더 놀랍고 충격적일 때가 많다는 것을 법학을 공부하면서 깨달았습니다. 특히 법대에서 배우는 과목들의 대부분(민법, 형법, 친족상속법 등)이 곧바로 실생활에서 적용할 수 있는 지식이었죠. 세상을 살아가는 데 있어서 굉장히 도움이 되는 지침처럼 느껴져서 즐거웠습니다.

장래의 직업을 위해서 지금 할 수 있는 일이 무엇일까요?

자신이 열정을 쏟고 집중할 수 있는 분야가 있다면 그 자체가 경쟁력이지요. 그러기 위해 자신이 무엇에 관심있는지를 정확히 알아내야 합니다. 선호가 분명하다면 고민이 되지 않을 문제겠지만 공부만 해왔다면 쉽지 않은 문제일 수도 있어요. 저는 무조건 많은 경험을 해보라고 조언하고 싶습니다. 세상에 조금은 부딪쳐 보라는 말씀이죠. 장래희망은 누군가가 정해주는 것도 아니고 바로 본인의 뜻으로 결정해야 하는 겁니다. 누군가가 그 직업을 권유해서가 아니라 본인이 정말 그 일을 하고 싶은 신념이 있어야 하죠. 그러한 신념을 품기 위해서는 다양한 자극과 연구가 필요합니다. 저도 학창 시절의 대부분을 공부만 해서 아쉬움은 있지만 그 시절 했던 수많은 여행들이 저에게 큰 동력과 지침이 되었답니다. 책상에만 앉아있다면 자신의 미래를 창의적으로 꿈꾸기 어려울 수 있습니다.

변호사시험을 잘 치를 수 있는 비법이 있을까요?

모든 시험이 마찬가지겠지만 특히 변호사시험은 특출난 방법이나 묘수가 잘 통하지 않는 분야라고 생각합니다. 충분한 시간을 두고 꾸준히 집중력을 유지하며 공부하는 것이 가장 중요하죠. 저는 체력이 좋지 않은 편이었기 때문에 운동과 산책을 매일 조금씩 병행하면서 건강을 유지하는 데 신경을 많이 썼습니다. 몸을 움직이는 것을 그리 좋아하지 않는 성격이었기에 때로는 공부보다 운동이 더 힘들었지만, 운동 또한 시험과목의 하나라고 생각하면서 게을리하지 않았답니다.

변호사가 되는 과정이 수월하셨나요?

사법시험을 본격적으로 준비하면서 가장 힘들었던 점은 방대한 공부량보다도 마음 한구석에서 시시때때로 엄습해오는 불안감이었죠. 시험에 떨어질 경우, 다음 시험에 응시하기 위해 1년을 기다려야 하고 다음 시험에 합격한다는 보장이 없고 시간은 멈추지 않고 속절없이 흘러간다는 겁니다. 그럴 때마다 '네가 간절히 원하고 꾸준히 최선을 다한다면 반드시 원하는 성과가 찾아올 테니까 너에게 잠재된 능력을 믿고 흔들리지 말자'라고 되뇌면서 불안감을 극복했답니다. 결국 사법시험에 합격하여 사법연수원에서 2년간의 연수 과정에서 법률이론, 법률실무, 법조윤리, 법학인접분야, 일반교양, 기타 사회발전에 대처하는 새로운 분야 등에 관한 교육을 받았고 실무수습을 받은 후 변호사 자격을 취득하게 되었답니다.

법학전문대학원의 실제 커리큘럼을 알려 주세요.

　법학전문대학원은 3년으로 구성된 과정이며, 보통 1학년 때에는 법학의 개론과 총론에 관한 내용을 배우면서 기본기를 쌓고 방학을 이용하여 로펌·공공기관 등에서 실무실습을 하면서 보냅니다. 2학년 부터는 변호사가 되기 위한 심화된 과정(검찰실무수습 등)을 접하면서 변호사시험 준비를 하기 시작 합니다. 3학년 때에는 3학년 말에 있을 대망의 '변호사시험'을 위한 본격적인 수험생활에 돌입하게 됩 니다.

검사보다 변호사가 더 나을까요?

　법학과에 진학할 당시 희망했던 검사 직역과 법학전문대학원에 진학한 후 희망하게 된 변호사 직역 사이에서 많은 고민이 있었답니다. 법학전문대학원에 입학한 이후 로펌에서 인턴을 할 기회를 갖게 되었는데, 넓은 영역에서 다양한 업무를 수행할 수 있다는 점이 매력적으로 다가왔었죠. 선배 법조인 인 누나의 영향도 있었고요. 누나는 업무 영역이 형사법 분야에 제한되는 검사보다는 다양한 분야의 업무를 수행할 수 있는 변호사가 더 좋을 것 같다고 조언해 주었어요. 물론 업무분야, 급여, 직장 위치 도 고려 대상이었지요. 또한 로펌의 자율적인 분위기도 진로를 선택할 때 중요한 기준이 되었습니다.

법학전문대학원과 사법연수원의 커리큘럼에 차이가 있나요?

동기들과 함께 사법시험을 준비하고 있었는데, 공부하는 과정에서 이미 사법시험에 합격하여 사법연수원에 입소한 선배들의 조언을 많이 들었답니다. 선배들의 얘기를 들어보니 사법연수원은 변호사보다는 판, 검사 위주의 실무교육이라는 것을 알게 되었죠. 마침 법학전문대학원 제도가 도입되어 시행되었고, 법학전문대학원에 가면 변호사가 되기 위한 보다 전문적이고 특성화된 교육을 받을 수 있다고 판단해서 법학전문대학원에 입학하게 되었습니다.

의사 신분이면서 법조인이 될 수 있나요?

물론이죠. 대부분의 의대 출신 법조인이 법조인으로 살아가지만, 저는 반대로 의학계에 남아 법률가로서 일을 해봐야겠다는 결정을 했답니다. 의료인 출신으로서 의료인의 입장에서만 보는 것이 아니라, 환자의 입장 그리고 객관적인 진실을 추구하는 법조인이 돼야겠다고 다짐했었고요. 또한 단순히 의료분쟁 업무 이외에도 의료정책, 제도 및 의료 관계 법령에도 의견을 낼 수 있는 활동을 하고자 했습니다. 사실 의사가 되기 위해 노력했던 시간을 쉽게 포기할 수는 없었죠. 왜냐하면 환자를 만나는 시간들이 저에겐 너무나 소중했기 때문입니다. 그렇다고 로스쿨에서 배운 지식을 그냥 묻어둘 수도 없었죠. 제가 아는 것들을 나누는 것이 분명 이 사회가 좀 더 나아지는 데 도움이 될 거라 믿고 있습니다.

국선변호사는 주로 어떤 일을 하나요?

국선변호사의 특성상 외국인, 정신장애인, 고령자 등 사회 소외계층을 많이 접하게 됩니다. 법에 대한 접근성이 좋지 않은 사람들이기 때문에 이러한 사람들의 사건을 처리할 때는 최대한 일반인의 눈높이에서 쉽게 소통하려고 노력합니다. 국선변호사에겐 인내심, 타인의 입장에서 생각하는 마음, 잘 들어주는 능력이 무엇보다 중요하다는 생각이 드네요.

로펌에서의 업무와 처우를 알고 싶어요?

1년 차 때는 주로 M&A 및 부동산 거래 관련 업무를 했고, 2년 차부터는 기업회생 및 경영권분쟁 관련 업무를 주로 수행하고 있습니다. 우리 회사는 600명 이상의 전문가(변호사, 회계사, 변리사, 노무사 등)로 구성되어 있는데, 훌륭한 동료들과 함께 업무를 수행하는 과정 자체에서 큰 성취감을 얻습니다. 변호사의 업무는 주로 자문과 송무로 나누어지게 됩니다. 따라서 업무그룹도 주로 자문팀과 송무팀으로 나누어지게 되는데, 1년 차 때는 자문팀 소속으로 M&A 및 부동산 거래 관련 업무를 수행해었죠. 하지만 제 스스로 상대방과 논쟁하며 쟁점을 파고드는 송무 업무를 더 잘 수행할 수 있다고 판단하여 팀을 옮기게 되었답니다. 다만 현재 팀에서도 M&A 등 거래 관련 업무를 하지는 않지만, 일반적인 의견서 작성 등 자문 업무는 꾸준히 수행하고 있습니다. 재량근로제를 시행하고 있는데 특별히 바쁘지 않으면 주중 5일과 주말 중 하루를 업무에 사용하는 것 같습니다. 5년을 근무하면 6년 차에 해외 유학의 기회가 주어집니다. 급여는 초봉 기준으로 실수령액 1억 원 이상입니다.

이디어이

범죄나

법칙이

CHAPTER

13

변호사의 다양한 업무

출처: 변호사닷컴

이혼/가정

OECD 아시아 국가 중 이혼율 1위, 3명 중 1명은 이혼을 할 정도로 우리나라의 이혼율은 높아지고 있습니다. 하지만 이혼은 단순하게 생각할 문제가 아닌데요. 왜냐하면 이혼원인을 따져 이혼이 가능하지 여부의 판단부터 재산분할, 위자료, 양육비, 양육권/친권 등 혼자 해결하기 어려운 문제들이 많을 뿐만 아니라 이혼소송을 어떻게 준비하느냐에 따라서 본인이 예상하지 못하거나 원치 않은 결과를 얻을 수 있기 때문에 최대한 신중하게 결정해야 합니다. 재판이혼은 일반적인 민사소송보다 법관 재량 범위가 넓으며, 각 가정마다 처한 상황들이 다르기 때문에 참작해야 하는 요인들도 다양하여 변호사의 도움 없이 혼자 진행하기에는 많은 어려움이 따릅니다. 거기다 복잡한 절차가 싫어 이혼을 서두른 나머지 불리한 조건으로 협의이혼을 하고 나서 경제적, 심리적으로 문제를 호소하는 경우도 많습니다. 이혼은 부부간의 이별이지만 자녀가 있을 경우에는 부모와 자녀 간의 이별이 될 수도 있기 때문에 이혼으로 인한 후유증이 가장 적은 방식으로 이혼을 진행하여야 합니다. 이혼은 당사자뿐 아니라 한 가족의 구성원 모두에게 큰 아픔을 줄 수 있기 때문에 건강한 이혼을 하는 것이 중요합니다. 결국 법률적인 부분을 명확하게 정리하지 못하고 서둘러서 이혼을 할 경우 부부와 자녀에게 이혼의 후유증이 평생 씻을 수 없는 상처로 남을 수 있습니다. 따라서 이혼절차를 진행하신다면 혼자 위험부담을 모두 안고 가는 것보다는 이혼 변호사를 통하여 자기의 사안에 맞는 정확하고 구체적인 법률상담을 받는 것이 결과적으로 안전하게 이혼을 마무리할 수 있는 방법입니다.

상속

　피상속인이 사망하면 상속이 개시됩니다. 상속에는 일정한 신분을 상속하는 신분상속, 재산관계를 승계하는 재산상속 형태가 있는데 과거 우리 민법은 재산상속 및 신분상속을 모두 규정하고 있었으나 현재는 재산상속만 인정됩니다. 따라서 결국 상속은 돈 문제로 귀결이 됩니다. 그런데 돈 문제가 얽히게 되면 가족이라고 하더라도 많은 갈등이 발생하게 되며 특히 피상속인이 유언을 한 경우에는 더 복잡한 문제가 발생합니다. 따라서 상속 및 유언과 관련하여 발생할 수 있는 문제와 중요 쟁점들을 고려해 보아야 합니다.

금전

　일상생활에서 가장 빈번하게 발생하는 법적 분쟁 중 하나가 돈 문제입니다. 이러한 분쟁을 미연에 방지하기 위해 돈을 빌려주는 사람은 돈을 빌려줄 당시에 그와 관련한 증거를 꼭 만들어 놓아야 하며 채무자가 약속한 날짜에 제대로 돈을 갚지 않는 경우에는 자신의 권리를 적극 행사하여야 합니다. 아래에서는 채무자가 임의로 돈을 갚지 않는 경우 채권자가 취할 수 있는 법적 수단 및 채무자가 자신의 재산으로 빚을 다 갚지 못할 정도로 빚이 과다하게 많은 경우 회생 받을 수 있는 방법 등 채권채무와 관련한 여러 쟁점들이 있습니다.

형사/범죄

　절도죄, 사기죄, 살인죄 등 각종 범죄를 저지른 사람에 대하여 형벌이 부과되는 절차를 형사소송이라 합니다. 이런 형사소송절차에서는 경찰·검찰 수사과정에서 발생할 수 있는 피해자, 범인, 목격자 등에 대한 인권침해 방지와 법원의 재판을 통해 범죄자에게 어떤 형벌을 어떻게 부과해야 하는지를 정하는 것이 매우 중요한 과제가 됩니다. 그래서 자의적인 법 집행이 되지 않도록 형법에서는 죄의 경중을 따져 형벌을 부과할 수 있도록 "10년 이하의 징역 또는 1,000만원 이하의 벌금" 등의 형식으로 형벌의 상한을 정하되, 재판과정에서 범인의 연령, 범죄의 형태, 피해자와의 관계 등 개별적 특수성을 고려하여 사안마다 적정한 형벌이 가해질 수 있는 장치를 마련하고 있습니다. 그러므로 가해자, 피해자 모두 변호인의 조력을 받아 자신과 관계된 범죄의 특성과 사건의 구도를 정확히 파악하고 올바른 대처를 해나가는 것이 중요합니다. 더불어 형사소송절차에는 체포·구속 등 강제적 수단이 자주 이용되는 만큼 자신의 권리가 침해당하지 않도록 변호인의 조력을 받는 것이 필수적입니다.

노무

　우리나라는 매년 근로 수준을 강화하기 위해 노력하고 있지만, 실제 근로환경은 여전히 취약한 것으로 나타나고 있습니다. 근로 노동법은 사용자와 근로자가 동등한 입장에서 자유롭게 근로관계를 체결하도록 보장하고 있습니다. 하지만 근로자는 본의 아니게 불평등한 조건으로 근로계약을 체결하게 되고 결국에는 취약한 근로환경에서 근무하게 되기 때문에 근로자가 자신의 권리를 지키기 위해서는 목소리를 높여 자신의 주장을 관철시켜야 합니다. 임금체불, 부당 해고, 산업재해, 노동조합, 계약직, 기타 근로 문제로 어려움을 겪고 있다면 노무사들과 함께 해결방안을 찾아보는 게 바람직합니다.

부동산

부동산 거래를 하는 분 중 잘못된 정보로 법적인 분쟁까지 가거나, 과도한 채무로 집이나 건물 등이 경매로 넘어가거나 계약 파기 위약금, 임대차 보증금 반환, 명도소송, 건축하자 및 관련 소송, 등기 소송, 배당이의의소 등 너무나 쉽게 피해를 보는 경우가 많습니다. 부동산 거래를 하기 전 꼼꼼하게 서류를 검토하여 조금이라도 발생할 수 있는 사고를 미연에 방지하는 것이 좋습니다. 부동산 문제로 어려움을 겪고 있다면 변호사의 조언이 도움이 될 수 있습니다.

지적재산권

지적재산권은 인간의 창조적 활동이나 경험을 통해 만들어지거나 발견되는 지식, 정보, 기술, 표현, 표시 그 밖에 무형적인 것으로서 재산적 가치가 실현될 수 있는 지적 창작물에 부여된 재산에 관한 권리를 말하며, 지적소유권이라고도 합니다. 이러한 지적재산권은 저작자가 생존하는 동안과 사망한 후 50년간 보호되도록 법으로 규정되어 있으며, 특허권은 출원일로부터 20년, 실용신안권은 출원일로 10년, 디자인은 등록일로부터 15년 상표권은 등록일로부터 10년 동안 보호받을 수 있습니다. 하지만 온라인 시장이 점점 커지면서 지적재산권은 제대로 보호받기는커녕 너무나 쉽게 침해를 받아 피해를 보는 사례가 늘어나고 있습니다. 저작권자는 침해자에게 지적재산권의 침해행위의 정지를 청구할 수 있으며, 피해에 대한 손해배상을 청구할 수 있습니다. 지적재산권 침해로 정신적, 물질적인 손해를 입고 계시다면 자신의 지적소유권을 보호하기 위해 법적으로 대처방안을 찾아 권리를 당당히 주장해보시길 바랍니다.

세무

　세무는 단순히 세금을 매기고 거두어들이는 일이라 생각할
수 있지만, 많은 지식이 필요하며 작은 실수만으로 큰 피해로
이어지는 경우가 많습니다. 그렇기 때문에 정확한 세무처리
를 파악하고 그에 따른 대응책을 모색하는 것이 중요합니다.
세무 신고 시 준비사항, 개정세법, 세금상식, 각종 세무문제의 절세 방안과 대처 방안이 필요합니다.

교통사고

　교통수단을 이용하는 현대인에게 교통으로 인해 발생하
는 각종 문제들은 어쩌면 가장 가까이, 자주 접할 수 있는 일상
의 법률적 문제입니다. 그러나 그 빈도와 중요성에 비해 대처 방안과 해결 절차에 대해서는 잘 알려져
있지 않은 부분도 많고, 더 나아가 왜곡된 정보가 인터넷 등에서 떠돌며 효율적인 문제의 해결을 방해
하는 경우도 많습니다. 교통사고와 관련한 제도들은 기본적으로 우연적인 사건으로서의 특수성을 가
진 교통사고에 관한 문제를, 이른바 '허용된 위험'의 법리에 따라 피해 구제 및 예방 방안을 중심으로
사회적인 신뢰를 구축하여 해결하려는 목적 아래 설계되어 있습니다. 즉, 교통에 대한 법적 제재들은
가급적 육상 교통에 내재되어 있는 위험을 일반의 신뢰와 손해의 사회구조적인 측면에서 억제하여,
교통을 이용하는 개인에게 가혹한 부담이 되지 않도록 하는 것이 중요합니다.

의료

　지난 2002년 665건이던 의료사고 소송은 2013년 1100건을 기록하는 등 해마다 늘어나고 있 습니다. 하지만 늘어나는 의료사고 소송에 비해 승소하는 사례는 극히 드문데요. 의료 분쟁은 환자가 병원에서 진료받는 과정에서 의료인의 과실이나 병원 관리상의 하자 및 기타 원인으로 환자가 손해를 입게 되면서 발생하는 의료인과 환자 사이의 다툼을 말합니다. 의료사고가 의심될 경우 환자는 진료 기록을 모두 확보하는 것이 좋으며, 해당 의료인을 만나 진료 상황 이나 앞으로의 병원 처치에 대해 설명을 요구하고 가능하면 대화 내용을 녹음하여 증거를 만드는 것이 중요합니다. 또한 의료사고로 인한 소송은 승소를 장담할 수 없는 경우가 많기 때문에 합의를 하는 것이 유리할 수 있으며, 만약 합의를 진행할 경우 변호사의 자문을 받고 신중하게 하는 것이 좋습니다. 현행법상 의료사고는 손해의 발생을 알게 된 지 3년 내에 그리고 사고가 발생한 지 10년 내에 소송을 제기해야 합니다. 이 소멸시효 기간이 경과될 경우 의료 사고로 피해를 입었다고 해도 손해배상 청구를 할 수 없게 됩니다. 의료 소송의 경우 의료 과실이 있는지는 일반인이 밝히기에는 매우 어렵습니다. 지식이 부족한 환자가 의료인의 과실이나 병원 관리상 하자 및 기타의 불완전성이나 불법행위를 입증하여 피해 사실과의 인과관계까지 증명하는 것은 한계가 있습니다. 따라서 혼자서 해결하려는 것보다는 의료 소송 변호사를 통해 원인을 확실하게 규명하게 진행하는 것이 효과적입니다.

기업법무

　너도나도 힘든 경제적 불황 속에서 수십 개의 기업들이 어려움을 이겨내지 못하고 우후죽순 문을 닫는 안타까운 사례가 많아지고 있습니다. 경제적 또는 법률적인 문제가 발생했을 때 신 속하고 정확한 대처를 해야 피해를 줄일 수 있습니다. 회사의 설립에서부터 각종 계약의 체결, 경영권 방어, 보호, 구조조정에 이르기까지 기업법무 문제에 관해 포괄적이고 정확한 법률상담이 있습니다.

행정사건

　행정사건은 행정청의 위법한 처분에 대한 당사자의 불복 및 이의 제기, 취소, 변경, 기타 공법상 권리관계에 관한 소송사건을 말합니다. 행정소송 종류로는 항고소송(취소소송, 무효 등 확인소송, 부작위위법확인소송), 당사자소송, 민중소송, 기관소송으로 구분됩니다.

행정소송 종류

항고소송	행정청의 처분 등이나 부작위에 대해서 제기하는 소송
당사자소송	행정청의 처분 등을 원인으로 하는 법률관계에 관한 소송 그 밖에 공법상의 법률관계에 관한 소송으로서 그 법률관계의 한쪽 당사자를 피고로 하는 소송
민중소송	국가 또는 공공단체의 기관이 법률에 위반되는 행위를 한때에는 직접 자기의 법률상 이익과 관계없이 그 시정을 구하기 위해 진행되는 소송
기관소송	국가 또는 공공단체의 기관 상호 간의 권한의 존부 또는 그 행사에 관한 다툼이 있을 때에는 이를 해결하기 위하여 제기하는 행정소송

　행정소송은 민사소송과 다르게 행정심판전치주의와 제소기간 준수라는 특수성이 있습니다. 원칙적으로 행정소송법은 취소소송과 부작위위법확인소송에 대하여 법령의 규정에 의하여 당해 처분에 대한 행정심판을 제기할 수 있는 경우에도 이를 거치지 않고 제기할 수 있지만, 특별규정에 의하여 예외적으로 행정심판을 필요적으로 거쳐야만 소송을 제기할 수 있는 경우가 있기 때문에 재판 절차 진행에 있어서 주의해야 합니다. 또한, 행정소송은 분쟁 대상에 따라 차이는 있으나 행정심판을 청구하지 않은 보통의 경우 행정처분 있음을 안 날로부터 90일, 행정처분이 있은 날로부터 1년 이내에 제기를 하여야 불이익이 없으므로 변호사의 도움을 받아 제소기간을 넘기지 않도록 주의해야 합니다.

재판/분쟁

　모든 소송은 어떻게 준비하느냐에 따라 결과의 차이가 매우 크게 납니다. 그러나 개인이 법률적인 문제를 해결하기 위해서는 많은 지식과 준비가 필요하지만 혼자서 소장을 작성하고 재판을 준비하고 사실을 입증할 수 있는 유리한 증거를 제시하는 것은 쉽지 않습니다. 변호사는 소송에 필요한 준비부터 구체적인 법률상담을 지원합니다.

국제/외국인

　국내가 아닌 국외에서 법률문제가 발생할 경우, 법률상담을 받거나 해결방안을 모색하기가 더 어려울 수밖에 없습니다. 갑작스러운 법률문제로 어려움을 겪고 있다면 변호사에게 법률자문을 받을 수 있습니다. 이와 관련하여 변호사는 실생활에서 벌어지는 법률문제부터 소송, 비자, 불법 문제에 이르기까지 폭넓은 상담을 진행합니다.

민사/기타

　민사소송이란 개인 사이에 발생하는 권리 또는 법률관계에 대한 다툼을 법원이 국가의 재판권에 의해 법률적으로 조정.해결하기 위한 절차로 넓은 의미로는 개인 간의 권리를 보호하고, 사법질서의 유지를 목적으로 하는 재판 절차를 말합니다. 간단한 민사소송도 준비를 어떻게 하느냐에 따라 그 판결이 달라질 수 있기에 변호사의 도움이 필요합니다.

알아두면 유익한 생활법률

◆ 향초, 방향제 만들어 판매 금지

취미생활로 향초나 방향제 등을 만들고 본인이 사용 및 휴대하는 것은 문제가 되지 않지만 이를 선물로 주거나 판매를 할 경우, 생활화학제품관리법 위반이 될 수 있다.

◆ 떨어진 지갑을 주우면?

점유물 이탈 횡령죄에 해당이 되어 1년 이하의 징역 또는 300만원 이하의 벌금이나 과태료가 부과된다. 단, 소유자를 찾아줄 목적으로 임시 보관이라면 해당되지 않는다. 당구장과 기차 안에서 떨어진 지갑을 소유 목적으로 취득 시 절도죄가 성립하게 된다. 피해자가 입증하지 못하면 피의자가 인정하는 금액으로 인정된다.

◆ 잘못 배달된 택배를 받은 경우

잘못 배달된 택배를 모른 척 받아 가졌다면 점유이탈물횡령죄, 본인 것이 맞다고 직접 수령하면 사기죄가 성립된다.

◆ 잘못 송금된 돈을 사용한 경우

잘못 송금된 돈을 임의로 쓰면 5년 이하의 징역 또는 1,500만원 이하의 벌금이 적용된다.

올바른 조치로서는 예금주에게 이체를 하거나 은행에 전화해 송금에 착오가 있었다는 사실을 알려야 한다.

◆ 거스름돈을 많이 받은 경우

거스름돈을 많이 받은 경우, 알고도 모른 척 돌려주지 않으면 사기죄가 성립이 된다.

◆ 맹견의 소유자

사람에게 해를 가할 수 있는 맹견의 소유자는 안전한 사육, 관리에 대해 정기적 교육을 받아야 하며 이를 위반할 시 300만원 이하의 과태료 처분을 받는다.

◆ 배우자의 핸드폰을 몰래 본 경우

정보통신망 이용 촉진 및 정보보호 등에 관한 법률에 위반이 된다.

◆ 교통사고가 난 경우

운전자가 별다른 구호 조치 없이 현장을 떠났거나 다친 사실을 알면서도 인적 사항만 제공했다면 뺑소니에 해당될 수 있다. 올바른 조치는 즉시 차를 세워 피해자의 상태를 확인하고 운전면허증, 명함 등을 건네고 본인의 연락처나 신분을 확인시켜야 한다.

◆ 애완견을 발로 찬다?

자기방어 차원에서 걷어찬 경우, 정당방위 성립될 수 있지만 과잉방어가 될 수도 있어 주의가 필요하다.

◆ 동물보호법 제13조

등록대상 동물을 동반하고 외출할 때 목줄 등 안전조치는 필수다.

◆ 형법 제307조1항

공연히 사실을 적시해 사람의 명예를 훼손한 자는 2년 이하의 징역이나 금고 또는 500만원 이하의 벌금이 부과된다.

◆ 정보통신망법 제70조

사람을 비방할 목적으로 정보통신망을 통해 공공연하게 사실을 드러내어 다른 사람의 명예를 훼손한 자는 3년 이하의 징역 또는 3천만원 이하의 벌금이 부과된다.

◆ 강요죄

민사소송의 증거를 수집할 목적으로 자백과 진술서 받아내도 강요죄에 해당된다.

◆ 주거침입죄

배우자의 상간녀, 상간남의 집에 찾아가면 주거침입죄에 해당되며 배우자 상간녀, 상간남에게 자백과 진술서를 받아내면 강요죄에 해당된다.

◆ 초상권 침해

상대방 동의 없이 촬영하면 초상권 침해에 해당된다.

◆ 성폭력 특별법

성적 욕망이나 수치심 유발하는 사람이나 신체를 동의 없이 촬영하거나 촬영물을 판매하는 경우, 5년 이하 징역 또는 3천만원 이하 벌금이 부과된다.

◆ 운전 중 휴대폰 사용

운전 중 휴대폰 사용은 벌점 15점이 부과되며 승합차 7만원, 승용차 6만원, 이륜차 3만원, 자전거 3만원의 범칙금이 부과된다.

◆ 안전띠 착용

S전 좌석 안전띠 착용이 의무화 되서 위반 시에는 범칙금 3만원, 13세 미만 어린이는 6만원이 부과된다. 6세 미만 영유아는 카시트가 필수다.

◆ 고령 운전자 적성검사

75세 고령 운전자는 '고령 운전자 교통안전교육' 이수해야 하며, 면허갱신과 적성검사 주기도 5년에서 3년으로 단축되었다.

변호사 관련 대학 및 학과

법학과

학과개요

법학과는 법에 대한 이해와 지식을 이론적 · 실제적으로 습득하도록 함으로써 올바른 법생활을 영위하고 국가와 사회에 기여할 수 있는 건전한 민주시민을 양성하기 위한 학과입니다. '사회가 있는 곳에 법이 있다.' 라는 말이 있습니다. 이처럼 법은 사회의 질서를 유지시켜 주는 가장 중요한 규범입니다. 법학과는 법률에 대한 전문적인 연구와 교육을 제공합니다.

법학과는 사회 각 분야의 정의와 민주주의를 실현하기 위해 법률에 대한 전문적인 지식과 자질을 갖춘 유능한 법률 전문가를 양성하는 곳입니다.

학과특성

사회가 복잡해지면서 사회 각 분야의 갈등이 늘어나고 있습니다. 법은 이를 해결하는 기준이라는 점에서 중요합니다. 따라서 법학 공부를 위해서는 경제학, 정치학, 행정학, 사회학 등 다양한 학문에 대한 학습이 필요합니다. 또, 세계화에 따라 최근 법학은 국제적인 사회 문제를 해결할 수 있는 전문가 양성을 위한 세분화된 교육을 제공합니다.

지역	대학명	학과명
서울특별시	건국대학교(서울캠퍼스)	법학과
	경기대학교(서울캠퍼스)	법학부 법학과
	경기대학교(서울캠퍼스)	법학과
	경희대학교(본교-서울캠퍼스)	법학부
	고려대학교	법학과
	고려사이버대학교	법학과
	광운대학교	부동산법무학과
	광운대학교	IT법무전공
	광운대학교	과학기술법무전공
	광운대학교	법학부
	광운대학교	일반법학전공
	광운대학교	과학기술법학과
	국민대학교	법무학과
	국민대학교	법학부
	국민대학교	기업융합법학과

지역	대학명	학과명
서울특별시	국민대학교	공법학전공
	국민대학교	사법학전공
	덕성여자대학교	법학과
	덕성여자대학교	법학전공
	동국대학교(서울캠퍼스)	법학과
	명지대학교 인문캠퍼스(인문캠퍼스)	법무정책학과
	명지대학교 인문캠퍼스(인문캠퍼스)	법학과
	상명대학교(서울캠퍼스)	법학과
	상명대학교(서울캠퍼스)	인문콘텐츠학부 지적재산권학과
	상명대학교(서울캠퍼스)	콘텐츠저작권학과
	상명대학교(서울캠퍼스)	지적재산권학과
	상명대학교(서울캠퍼스)	인문콘텐츠학부 지적재산권전공
	서강대학교	법학전공
	서경대학교	법학과
	서울대학교	법학부
	서울디지털대학교	법무경찰학부(법무행정학과)
	서울시립대학교	법학부
	성균관대학교	법학과
	성신여자대학교	지식산업법학과
	성신여자대학교	법학과
	세종대학교	법학부 법학전공
	세종대학교	법과사회전공/자유전공학부
	세종대학교	법학부
	숙명여자대학교	법학부
	숭실대학교	법학과
	숭실사이버대학교	법 · 행정학과
	연세대학교(신촌캠퍼스)	법학과
	이화여자대학교	법학과
	중앙대학교 서울캠퍼스(서울캠퍼스)	법학과
	한국방송통신대학교	법학과
	한국열린사이버대학교	경찰보안학과
	한국외국어대학교	법학과
	한성대학교	법 · 행정학과
	한양사이버대학교	법학과
	한양사이버대학교	법 · 공무행정학과
	홍익대학교(서울캠퍼스)	법학부 사법(비즈니스 · 정보법)전공
	홍익대학교(서울캠퍼스)	법학부
	홍익대학교(서울캠퍼스)	법학부 공법(공공서비스법)전공
	홍익대학교(서울캠퍼스)	법학과
부산광역시	경성대학교	법학과
	경성대학교	법행정정치학부
	경성대학교	법학전공
	동아대학교(승학캠퍼스)	법학부
	동의대학교	법경찰학부

지역	대학명	학과명
부산광역시	동의대학교	법학과
	동의대학교	법학전공
	부경대학교	법ㆍ행정학과군
	부경대학교	법학과
	부산대학교	법학과
	부산외국어대학교	법ㆍ경찰학부
	부산외국어대학교	법ㆍ경찰학부(법학전공)
	신라대학교	법정학부
	신라대학교	법경찰학부
	신라대학교	법학전공
	한국해양대학교	법무비즈니스학부(부동산법전공)
	한국해양대학교	법무비즈니스학부
	한국해양대학교	법무비즈니스학부(법무비즈니스전공)
	한국해양대학교	법무비즈니스학과
	한국해양대학교	해사법학부
인천광역시	인천대학교	법학과
	인천대학교	법학부
	인하대학교	지적재산권학전공
	인하대학교	법학부
	인하대학교	법학전공
대전광역시	대전대학교	법학과
	대전대학교	법ㆍ경찰학부
	목원대학교	지식재산학과
	목원대학교	경찰법학과
	배재대학교	공무원법학전공
	배재대학교	공무원법학과
	배재대학교	법학부
	배재대학교	법학전공
	배재대학교	경찰법학과
	충남대학교	법학부
	충남대학교	법학전공
	한남대학교	법학부
	한남대학교	특허법학전공
	한남대학교	법무법학전공
	한남대학교	법학전공
대구광역시	경북대학교	법학부
	계명대학교	경찰법학과
	계명대학교	법학과
울산광역시	울산대학교	법학전공
광주광역시	광주대학교	법정학부
	광주여자대학교	경찰법학과
	전남대학교(광주캠퍼스)	법학과
	조선대학교	공공인재법무학과
	조선대학교	법학과

지역	대학명	학과명
광주광역시	조선대학교	프리로스쿨학과
	호남대학교	법학과
경기도	가천대학교(글로벌캠퍼스)	법학과
	가톨릭대학교	그래픽디자인과
	가톨릭대학교	법학과
	가톨릭대학교	법학부
	가톨릭대학교	법경학부
	가톨릭대학교	법학전공
	강남대학교	법학과
	경기대학교	법학과
	경기대학교	법학부 법학과
	경기대학교	지식재산학과
	단국대학교(죽전캠퍼스)	법학과
	단국대학교(죽전캠퍼스)	법과대학
	단국대학교(죽전캠퍼스)	SW융합학부 SW융합법학전공
	대진대학교	공공인재법학과
	수원대학교	법학
	수원대학교	법학과
	수원대학교	법·행정학부
	신경대학교	법학과
	신한대학교(의정부캠퍼스)	공법행정학과
	아주대학교	법학과
	한경대학교	법학전공
	한경대학교	법학과
	한경대학교	법경영학부
	한국항공대학교	항공우주법학과
강원도	가톨릭관동대학교	법학과
	강릉원주대학교	법학과
	강원대학교	법학부
	강원대학교	법학전공
	상지대학교	법학부
	상지대학교	법률행정학과(야)
	상지대학교	법부동산학부 부동산학전공
	상지대학교	경찰법학과
	상지대학교	법부동산학부
	상지대학교	법학부 법학전공
	상지대학교	법률행정학과
	상지대학교	법학과
	상지대학교	법부동산학부 법학전공
	연세대학교 미래캠퍼스(원주캠퍼스)	법학전공
	한림대학교	법학과
충청북도	극동대학교	법경찰학부
	세명대학교	법학과
	유원대학교	발명특허학과

지역	대학명	학과명
충청북도	중원대학교	법무법학과
	중원대학교	법학과
	청주대학교	법학과/사회과학대학
	청주대학교	법학전공
	청주대학교	융합실무법학전공
	충북대학교	법학부
충청남도	공주대학교	법학과
	단국대학교(천안캠퍼스)	법학과
	백석대학교	법행정경찰학부
	백석대학교	법정경찰학부
	선문대학교	법 · 경찰학과
	선문대학교	법학과
	순천향대학교	법학전공
	순천향대학교	법학과
	중부대학교	경찰법학전공
	호서대학교	법학전공
	호서대학교	법경찰학전공
	호서대학교	법학과
	호서대학교	법정학부
전라북도	군산대학교	법학과
	우석대학교	법학과
	우석대학교	법행정경찰학부
	원광대학교	법학과
	전북대학교	법학과
	전주대학교	법학전공
	전주대학교	법학과
	호원대학교	법경찰학부
	호원대학교	법경찰학과
전라남도	목포대학교	법학과
	순천대학교	공공인재학부(법학전공)
	순천대학교	법학과
	순천대학교	법학전공
	한려대학교	경찰법학과
경상북도	경운대학교	경찰법학전공
	경주대학교	경찰법학과
	경주대학교	법학전공
	경주대학교	경찰법학부
	대구가톨릭대학교(효성캠퍼스)	법행정학부
	대구가톨릭대학교(효성캠퍼스)	법학과
	대구가톨릭대학교(효성캠퍼스)	고위공직 · 법학전공
	대구가톨릭대학교(효성캠퍼스)	법학전공
	대구대학교(경산캠퍼스)	법학부(공법학전공)
	대구대학교(경산캠퍼스)	공법학전공
	대구대학교(경산캠퍼스)	사법학전공

지역	대학명	학과명
경상북도	대구대학교(경산캠퍼스)	공직법학전공
	대구대학교(경산캠퍼스)	DU인재법학부(공법학전공)
	대구대학교(경산캠퍼스)	법학전공
	대구대학교(경산캠퍼스)	DU인재법학부
	대구대학교(경산캠퍼스)	법학부(사법학전공)
	대구대학교(경산캠퍼스)	법학부(공공안전법학전공)
	대구대학교(경산캠퍼스)	DU인재법학부(사법학전공)
	대구대학교(경산캠퍼스)	공공안전법학전공
	대구대학교(경산캠퍼스)	법학부
	대구대학교(경산캠퍼스)	DU인재법학부(공공안전법학전공)
	대구대학교(경산캠퍼스)	법과대학
	대구사이버대학교	법무부동산학과
	안동대학교	법학과
	영남대학교	법학부
	영남대학교	법학전공
	한동대학교	법학부
경상남도	경남대학교	법학과
	경상대학교	법학과
	경상대학교	부동산법무학과
	영산대학교(양산캠퍼스)	법률학과
	영산대학교(양산캠퍼스)	법학과
	영산대학교(양산캠퍼스)	법률전공
	인제대학교	법학과
	창원대학교	법학과
제주특별자치도	제주국제대학교	법학과
	제주대학교	법학부 국제법무전공
	제주대학교	법학과
	제주대학교	법학부 법학전공
	제주대학교	법학부

법률과

학과개요

법률과는 인간의 공동체적 사회생활 중 필요한 질서와 규율, 법령과 제도에 대해서 배웁니다. 법률과는 법학 전반에 걸친 이론과 실제를 학습하고 법을 폭넓게 이해하여 사회정의를 구현하는 데 중점을 두고 있습니다. 사람들이 올바른 법생활을 영위하고 인류의 복지에 이바지할 수 있는 인재를 양성하는 것에 교육 목표를 두고 있습니다.

학과특성

사회가 복잡해지면서 사회 각 분야의 갈등이 늘어나고 있습니다. 법은 이를 해결하는 기준이라는 점에서 중요합니다. 법학 공부를 위해서는 경제학, 정치학, 행정학, 사회학 등 다양한 학문에 대한 학습이 필요합니다. 세계화에 따라 최근 법학 분야에서는 국제적인 사회 문제를 해결할 수 있는 전문가를 필요로 하고 있습니다.

지역	대학명	학과명
서울특별시	서일대학교	부동산금융법률과
	서일대학교	자산법률학과
대구광역시	수성대학교	법률회계과
	수성대학교	법률실무과
경기도	용인송담대학교	법무경찰과
	용인송담대학교	법률실무과
	장안대학교	행정법률학과
	장안대학교	행정법률과

국제법무학과

학과개요

　국제법무학과는 글로벌 경제활동이 활발해지면서 그에 따른 분쟁 가능성도 점차 더 높아짐에 따라 국제통상 전문가의 국제법무 수요에 대응하려는 학과입니다. 국제법무학과에서는 법률에 대한 소양을 갖춘 민주시민을 양성하고 사회에 기여할 수 있는 지도자를 배출하고자 합니다. 또한 국제적 감각을 소유하고 이론과 실제 국제관계 법률분야에서 두각을 나타낼 전문 지식인을 육성합니다. 이를 통해 향후 펼쳐질 국제적 마찰과 경쟁에서 우위를 선점할 수 있는 인재 양성에 교육목표를 두고 있습니다.

학과특성

　사회가 복잡해지면서 사회 각 분야의 갈등이 늘어나고 있습니다. 법은 이를 해결하는 기준이라는 점에서 중요합니다. 법학 공부를 위해서는 경제학, 정치학, 행정학, 사회학 등 다양한 학문에 대한 학습이 필요합니다. 세계화에 따라 최근 법학 분야에서는 국제적인 사회 문제를 해결할 수 있는 전문가를 필요로 하고 있습니다.

지역	대학명	학과명
서울특별시	광운대학교	국제법무전공
	덕성여자대학교	글로벌통상법무연계전공
	숭실대학교	국제법무학과
광주광역시	조선대학교	글로벌법학과
경기도	가톨릭대학교	국제법정경계열

유용한 법률자문 사이트

대한법률구조공단 (www.klac.or.kr)	경제적으로 어렵거나 법을 잘 모르기 때문에 법의 보호를 충분히 받지 못하는 사람들에게 법률구조를 해주는 법무부 산하의 재단법인
서울지방변호사회 서울중앙지방법원 상담실 (www.seoulbar.or.kr)	현재 법원에 계류 중인 사건을 제외한 모든 법률사건
서울중앙지방법무사회 서울중앙지방법원 중앙등기국 상담실 (www.lawland.or.kr)	서울중앙지방법무사회 홈페이지에서 온라인상담실 운영
한국가정법률상담소 (www.lawhome.or.kr)	법률문제뿐만 아니라, 부부문제·가정문제 전반에 관하여도 상담 가능
대한상사중재원 (www.kcab.or.kr)	무역·상사 분쟁의 해결을 위한 절차 안내
한국거래소 분쟁조정센터 (drc.krx.co.kr)	무역·상사 분쟁의 해결을 위한 절차 안내
신용회복위원회 (www.crss.or.kr)	금융기관에 과중한 채무가 있는 채무자가 상환기간 연장, 채무 감면 등을 통해 신속·간이하게 신용을 회복할 수 있도록 도와줌

법무부(국제법무과) 국제통상법률지원단 (www.moj.go.kr)	수출에 종사하는 중소기업 · 벤처기업이 국제거래에 관하여 법률적인 자문을 받을 수 있음
국가기록원-무료법률상담 (www.archives.go.kr)	국가 중요기록물의 안전한 후대전승을 위한 과학적 기반의 기록관리 기술 연구개발을 목표로, 연구개발사업을 통해 확보된 기술, 노하우 등 이 포함된 연구 결과물을 소개하며 열람한 기록물과 관련한 권리회복, 소송수행 등 법률문제에 관한 상담
경기도청-무료법률상담 (www.gg.go.kr)	경기도 소재 상가건물 임대차 관련 분쟁에 대하여 소송 전 교수, 변호 사, 세무사 등으로 구성된 『경기도 상가건물 분쟁조정위원회』를 통해 임대차 분쟁을 조정하며 소송 외 분쟁해결 수단으로 소송에 소요될 시 간 · 비용을 절감하여 도민 법률권익 보호
여성가족부-법률상담 (www.mogef.go.kr)	일법률보호취약계층인 한부모가족에게 무료법률지원을 실시함으로 써 한부모가족의 기본적 인권 보호와 법률복지 도모

변호사 관련 도서 및 영화

관련 도서

출처 : 교보문고

아저씨, 진짜 변호사 맞아요? (천효정/ 문학동네)

패소 전문 변호사와 전교 꼴찌 록이의 통쾌한 이야기!

이 책은 패소 전문 변호사 빙빙 씨와 전교 꼴찌 하록의 흥미진진한 이야기다. 적절한 속도감과 문장 곳곳에 숨겨진 유머를 딛고 두 인물을 둘러싼 흥미로운 사건이 전개된다. 그림으로 이야기를 만들어 내는 힘이 대단한 화가 신지수가 힘을 보탰다. 독보적이라고 할 수 있는 독특한 개성의 캐릭터와 문장 곳곳에 자리 잡고 있는 유머가 어우러져 독자들에게 재미를 선사한다. 월세를 마련하지 못한 빙빙 씨가 건물주 하 씨 영감에게 내민 한 통의 계약서가 화근이었다. 월세 대신 계약 기간 동안 하 씨 가족의 고문 변호사가 되기로 한 것. 곧이어 빙빙 씨는, 자기를 꼴찌라고 놀리는 친구 우성이를 고소하겠다고 찾아온 첫 번째 의뢰인을 맞닥뜨린다. 싫어하는 것이 백만 개쯤 되는 빙빙 씨지만 그중에서도 제일 싫어하는 거라면 애들이랄까. 무참하게 쫓겨난 록이의 대담한 복수극과 함께 빙빙과 하록의 한판 승부가 시작된다.

변호사 해석법 (김경희/ 이담북스)

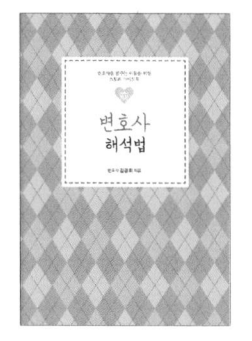

직업 공감 시리즈 8번째 이야기 〈변호사〉

변호사는 어떤 일을 하나요? 변호사가 되면 정말 돈을 많이 버나요? 변호사 직업의 미래 전망은 어떤가요? 변호사에 대한 정보는 어디서 얻나요? 청소년이 죄를 지으면 어떻게 되나요?재판에서 졌을 때는 어떻게 하나요? 늦은 나이에도 변호사 시험에 합격할 수 있나요? 법학적성시험(LEET)은 어떻게 준비해야 하나요? 법 공부는 어떻게 해야 하나요? 변호사는 무슨 일을 하나요? 변호사가 되려면 무엇을 준비해야 하나요?

변호사라는 단어는 직업을 가리키기도 하지만, 자격증을 의미하기도 한다. 변호사 자격을 취득한 후에 할 수 있는 일은 그야말로 무궁무진하다. 이 책은 진로를 고민하는 청소년과 청년들에게 변호사라는 직업을 알려주는 안내서가 되겠지만, 이미 직업이 있는 독자들도 이 책을 읽고 가슴속에 뜻밖의 설렘과 열정이 느껴졌으면 좋겠다. 이 책은 오직 '변호사 준비생'을 위해 집필되었다. 변호사인 저자가 그동안 겪었던 시행착오와 생생한 경험담, 변호사 준비생들이 궁금해하는 질문과 답변을 한 권에 담았다. 이 책이 변호사의 꿈에 다가가는, 또 하나의 작은 이정표가 되었으면 한다.

웹툰 작가에게 변호사 친구가 생겼다
(윤영환, 임애리, 김성주, 신하나/ 바다출판사)

웹툰 작가의 변호사 친구들이 쓴 쓸모 많은 해설서

초보 웹툰 작가도 안전하게 연재할 권리가 있다. 유명 웹툰 작가의 수입이 수억에 달한다고 알려지고 각종 예능에도 출연해 인기를 얻자 웹툰 작가를 지망하는 사람들도 늘어나고 있다. 케이티(KT)경제경영연구소와 한국콘텐츠진흥원 등의 분석을 종합하면, 국내 웹툰 산업의 매출 규모는 2020년 1조원까지 성장할 것으로 추정된다. 불과 10년 만에 매출이 10배 늘었을 정도로 고속 성장이다. 게다가 동남아시아를 비롯해 전 세계적으로 한국 웹툰이 인기를 얻고 있어 성장세는 더욱더 가팔라질 것으로 전망된다. 그러나 소수의 유명 웹툰 작가를 제외하면 대다수의 웹툰 작가들의 처우는 점점 나빠지고 있는 형편이다. 하루 10시간 이상 일하지만 일주일에 하루도 제대로 쉬지 못하고, 밤샘 노동을 하는 일도 비일비재하다. 여기에 웹툰을 기획하고 웹툰 작가의 지식재산권을 관리하는 웹툰 에이전시가 등장하면서 플랫폼과의 계약 내용을 작가가 알지도 못하는 사례가 현저히 늘었다. 플랫폼과 에이전시가 매출의 상당 부분을 챙겨가면서 웹툰 작가들의 수입은 점차 줄어들 수밖에 없다. 이런 이중 구조는 최근 몇 년 새 웹툰 시장이 급속도로 성장하면서 하나의 관행처럼 자리 잡았다. 부당한 대우를 받거나 불공정계약에 관해 항의하려 해도 플랫폼과의 소통 창구가 사라져 불리한 상황에 처하게 된 것이다.

이 책은 점점 커지는 웹툰 시장에서 작가를 지망하는 사람이 아이디어를 내고 작품을 그리고 연재를 시작하고 성과를 내는 동안 겪을 수 있는 모든 법적 쟁점을 다룬 책이다.

운을 읽는 변호사 (니시나카 쓰토무/ 알투스)

수많은 인생의 첨예한 상황을 지켜본 변호사가 전하는 '스스로 자신의 운을 좋게 만드는 법'

일과 관계 등 인생 전반에서 늘 운이 따르는 사람과 운이 달아나는 사람. 당신은 어느 쪽의 인생을 살고 있는가? 설령 후자라고 해도 낙담할 필요는 없다. 지금부터라도 노력에 의해 얼마든지 좋은 운을 불러들일 수 있기 때문이다. 이 책은 일본에서 50여 년간 존경받는 변호사로 활동 중인 저자가 1만 명이 넘는 의뢰인들의 삶을 통해 깨달은 '운이 좋은 삶'을 사는 비결을 담고 있다. 저자인 니시나카 변호사는 몇 번이나 똑같은 곤경에 빠져 자신을 찾아오는 '운이 나쁜 사람'과 하는 일마다 승승장구하며 행복한 인생을 사는 '운이 좋은 사람'의 공통점을 발견한 뒤, 운을 좋아지게 하는 법이 있다는 확신을 갖게 되었다. 제아무리 능력이 출중해도 성공하지 못하는 사람, 일견 성공한 듯 보이지만 결국엔 파국으로 치닫게 되는 사람의 삶 속에는 어떤 문제가 있는 걸까? 이 책을 읽으면 그 답을 알게 된다. 무엇보다 저자가 만난 수많은 인생이 주는 교훈을 잘 들여다보면, '운'은 더 이상 신비의 영역이 아니다. 니시나카 변호사는 자신이 직접 경험한 내용뿐 아니라, 도덕과학을 비롯한 동서양의 교훈을 바탕으로 '운을 불러들이는 법'이 있음을 증명해 보이고 있다.

내 얘기를 들어줄 단 한 사람이 있다면 (조우성/ 리더스북)

사람의 가장 극단적 욕망과 분노가 충돌하는 법정, 그곳에서 펼쳐지는 뜨겁고 가슴 저린 35개의 에피소드!

17년간 변호사로 살아온 저자가 법정이라는 풍경 속에서 목격한 35개의 드라마 같은 극적인 인생 이야기를 엮은 책. 경찰서에 직접 자식을 신고할 수밖에 없었던 아버지의 기막힌 사연(내 아들을 신고합니다!), 수십 년간 하늘같이 존경하던 남편의 충격적인 진실을 알게 된 어느 부인의 이야기(남편의 완벽한 가면), 헤어진 여자친구를 고소하고 싶어 하는 한 남자의 억울한 사연(애인에게 준 선물, 돌려받을 수 있나요?) 등, 이 책에는 법정에서 펼쳐지는 각양각색 삶의 이야기들이 담겨 있다. 저자는 분노와 용서, 상처와 치유, 꼼수와 정직이 펼쳐지는 현장에서 목격한 우리네 이웃들이 살아가는 삶의 면면을 마치 한 편의 휴먼다큐멘터리를 보듯 생생하게 풀어내었다.

변호사 논증법 (최훈/ 웅진지식하우스)

변호사가 논증하는 모습을 배워라. 성공적인 설득법을 얻을 수 있다!

논리적 사고력을 길러주는 <논리는 나의 힘>의 저자인 최훈 교수가『변호사 논증법』을 통해 최강의 논리 집단인 변호사들의 비법을 낱낱이 공개한다. 우리 사회에서 논리적 사고의 대명사로 불리는 변호사를 파트너로 삼고, 상대방 말속의 빈틈을 파고드는 실전 논리학의 세계로 안내한다. 생활의 단면을 날카롭게 파고드는 사례와 학문적인 연구 성과가 탄탄하게 반영된 글쓰기가 설득력을 높여 주면서도 보다 쉽고 재미있게 논증의 세계로 빠져들 수 있게 도와준다. 이 책은 말과 글을 통해 상대방을 설득해 자신의 편으로 만들려는 사람에게 유용한 지침서 역할을 해줄 것이다. 본문은 총 2부로 구성되어 있다. 1부에서는 자비로운 해석의 원칙을 필두로 해서 변호사 논증법의 네 가지 원칙을 제시한다. 자비로운 해석의 원칙, 근거 제시 및 확인의 원칙, 입증의 책임 및 권리 원칙, 논점 일탈 금지의 원칙이 바로 그것이다. 이 네 가지 원칙을 지켰느냐의 여부에 따라 올바른 주장과 올바르지 않은 주장을 판단해 판단의 실수를 줄이고 판정의 정확도를 높일 수 있다. 2부에서는 변호사 논증법의 네 가지 원칙이 실제 상황에서 어떻게 쓰이는지를 여러 사례와 논증 기법을 통해 보다 자세하게 다룬다.

우리들의 변호사 (박준영/ 이후)

사회 정의를 실현하려는 '변호사 박준영'의 약속.

2016년 대한민국은 '박준영'이라는 이름 덕분에 몹시 뜨거웠다. 삼례 나라슈퍼 3인조 강도 사건, 익산 택시 기사 살인 사건의 재심을 청구하며 '사회적 약자'들을 돕다가 파산지경에 이르렀다는 박준영 변호사의 이야기가 포털사이트의 소셜펀딩 기사를 통해 알려지게 된 것이다. 박준영 변호사가 재심을 통해 무죄 판결을 받으려는 이들은 대개 힘없고, 가난하고, 지적장애가 있거나 미성년자인 상태로 피고인이 되었다. 짓지 않은 범죄를 자백할 수밖에 없었던 이들을 위해 재심을 청구하고 공권력의 잘못된 판단과 싸워나가는 박준영 변호사. 많은 시민은 박준영 변호사에게 응원을 보냈다. 모두가 안 된다고 할 때 '그래도 한번 해 보자!'고 나선 박준영 변호사는 시국 사건도 아니고, 일반 형사 사건의 재심은 아예 불가능하다고 생각하던 많은 사람들의 생각을 뒤엎고 재심 청구를 성공시켰다. 『우리들의 변호사』는 '사회 정의를 실현'하는 변호인의 사명을 누구보다 성실히 이행하고 있는 박준영의 삶을 녹여낸 책이다.

마웬콜 (1994, 119분)

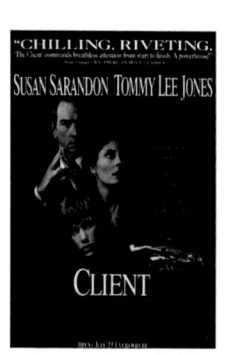

트레일러 주택에 사는 형제 마크와 리키는 엄마 다이앤이 출근한 후 숲에 들어갔다가 자살하려는 한 남자를 만난다. 마크가 그의 자살을 방해하자 술에 취한 그는 자신이 로미 클리포드라는 변호사인데 마피아가 죽인 상원의원의 시체가 있는 곳을 알게 되었으며 그 때문에 배리 멀다노란 자가 자신을 죽일 것이 두려워 자살한다고 말한다. 로미 클리포드의 자살 장면을 목격한 충격으로 동생 리키는 말을 잊는 신경증에 걸린다. 로미의 자살을 신고한 마크는 언론의 관심을 끌게 되고 즉시 그를 만나기 위해 루이지애나에서 날아온 지방검사 폴트리그는 마크가 시체의 소재를 알고 있다고 직감한다. 그러나 마크는 입을 다문다. 어린 소년이지만 마피아가 무엇인지 알기 때문이다. 배리 멀다노를 기소하기 위해서 보예트의 시체가 필요한 폴트리그는 마크를 추궁하지만 이미 한차례 마피아의 협박을 받은 마크는 변호사가 필요하다고 느낀다. 그가 우연히 찾아간 여변호사 레지는 이혼의 아픈 상처를 안고 재기하여 소박한 변호사 생활을 하는 여자로, 레지는 마크에게서 자신이 낳은 아이들의 모습을 보고 도와주기로 결심한다.

데빌스 애드버킷 (1998, 144분)

64번의 재판에서 한 번도 실패해 본 적이 없는 변호사 케빈 로막스. 그는 의뢰인인 피의자의 유죄가 확실했던 이번 재판에서도 승리를 하면서 인기 절정의 변호사로 부상한다. 승소 기념 파티를 벌이던 날, 케빈은 뉴욕 '존 밀튼 투자회사'의 직원으로부터 파격적인 조건의 스카우트 제의를 받고 아내 매리앤과 함께 뉴욕으로 향한다. 밀튼사의 회장인 존 밀튼과 대면한 케빈은 그의 강렬한 카리스마에 순식간에 압도된다. 케빈은 해박한 법률 지식, 자신만만한 변론으로 첫 재판을 완벽한 승리로 이끈다. 한편, 케빈이 일에만 몰두할수록 아내 매리앤은 외로움과 원인 모를 공포감에 빠지게 되고 때론 꿈과 현실을 혼동하기에 이른다. 신경쇠약에 걸린 매리앤이 자살하기에 이르고, 케빈은 그녀의 죽음과 공포의 근원이 존 밀튼에게 있다고 확신하고 그를 찾아가게 된다.

재심 (2017, 119분)

돈 없고 빽 없는 벼랑 끝 변호사, 10년을 살인자로 살아온 청년, 진실을 찾기 위한 두 남자의 진심 어린 사투가 시작된다.

대한민국을 뒤흔든 택시기사 살인사건 발생. 유일한 목격자였던 15세 소년 현우는 경찰의 강압적인 수사에 누명을 쓰고 10년 동안 감옥에서 보내게 된다. 한편, 돈도 빽도 없이 빚만 쌓인 벼랑 끝 변호사 준영은 거대 로펌 대표의 환심을 사기 위한 무료 변론 봉사 중. 현우의 사건을 알게 되고 명예와 유명세를 얻기에 좋은 기회라는 본능적 직감을 하게 된다. 그러나 실제로 현우를 만난 준영은 다시 한번 정의감에 가슴이 뜨거워지는 자신을 발견하게 되고 현우는 준영의 도움으로 다시 한번 세상을 믿어볼 희망을 찾게 된다.

허스토리 (2018, 121분)

1991년 부산에서 여행사를 운영하는 문정숙은 불미스러운 일로 영업정지를 당하고 피해가 막심한 상태다. 이미지 쇄신을 위해 정신대 피해자 신고 센터를 임시 운영하게 된다. 할머니들의 피해 접수가 들어오면서 정숙은 그의 집에서 수십 년간 일한 배정길을 비롯한 박순녀, 서귀순, 이옥주 등을 만나게 되고, 그들의 사연에 함께 분노하며 적극적으로 할머니들을 돕게 된다. 그리고 재일변호사 이상일과 함께 일본국헌법에 명시된 '도의적 국가로서의 의무'를 근거로 정부의 공식 사과와 손해배상을 얻어내기 위해 기나긴 법정 싸움을 시작한다. 1992~1998 6년의 기간, 23번의 재판, 10명의 원고단, 13명의 변호인! 시모노세키와 부산을 오가며 일본 재판부에 당당하게 맞선 할머니들과 그들을 위해 함께 싸웠던 사람들의 뜨거운 이야기가 눈물겹다.

7번방의 선물 (2013, 127분)

1997년 사건 충격으로 지적장애를 앓고 있는 아버지 이용구는 딸 예승을 위해 세일러문 캐릭터가 그려진 노란색 가방을 사는 것을 꿈꾸며 매일같이 가방 가게 앞에 들른다. 하지만 마지막으로 하나 남은 가방은 결국 경찰청장의 딸의 것으로 넘어간다. 그 가방을 예승에게 사주고 싶었던 용구는 세일러문 가방을 메고 있던 경찰청장의 딸에게 집적대다가 경찰청장에게 맞는다. 다음 날 용구가 마트 주차요원으로 근무하여 받은 월급을 계산하던 도중 가방을 사 갔던 경찰청장의 딸을 만나고, 가방을 멘 아이는 용구에게 자신을 따라오라고 한다. 세일러문 가방을 파는 다른 곳을 알려주려고 전통시장의 골목길을 뛰어가던 아이는 스스로 빙판에 미끄러져 넘어지면서 뒤통수가 깨지고 떨어진 벽돌에 맞아 사망하고 만다. 아이를 따라갔던 용구는 목격자의 신고에 따라 경찰청장의 폭력에 대한 보복으로 아이를 살해, 강간한 것으로 억울하게 누명을 쓰고 결국 사형선고를 받아 성남교도소에 입감된다. 집에 혼자 남은 예승은 보육원으로 들어가게 된다.

소수의견 (2015, 126분)

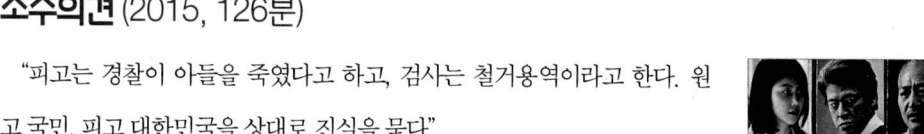

"피고는 경찰이 아들을 죽였다고 하고, 검사는 철거용역이라고 한다. 원고 국민, 피고 대한민국을 상대로 진실을 묻다"

지방대 출신, 학벌 후지고, 경력도 후진 2년 차 국선변호사 윤진원. 강제철거 현장에서 열여섯 살 아들을 잃고, 경찰을 죽인 현행범으로 체포된 철거민 박재호의 변론을 맡게 된다. 그러나 구치소에서 만난 박재호는 아들을 죽인 건 철거깡패가 아니라 경찰이라며 정당방위에 의한 무죄를 주장한다. 변호인에게도 완벽하게 차단된 경찰 기록과 사건을 조작하고 은폐하려는 듯한 검찰. 유독 이 사건에 관심을 갖고 접근해오는 신문기자 수경. 진원은 단순한 살인 사건이 아님을 직감하고, 선배인 이혼전문 변호사 대석에게 사건을 함께 파헤칠 것을 제안한다. 경찰 작전 중에 벌어진 국가가 책임져야 할 살인 사건. 진압 중에 박재호의 아들을 죽인 국가를 상대로 진원과 대석은 국민참여재판 및 '100원 국가배상 청구소송'이라는 과감한 선택을 하게 된다.

성난 변호사 (2015, 117분)

"이기는 게 정의지 뭐" 두뇌 상위 1%, 승소확률 100%의 에이스 변호사 변호성. 대형 소송을 성공적으로 마무리 짓고 승승장구하는 그에게 새로운 의뢰가 들어온다. 바로 시체도 증거도 없는 신촌 여대생 살인 사건의 유력 용의자를 변호하는 것. 좀처럼 풀리지 않는 사건이지만 그의 두뇌는 빠르게 움직이기 시작하고, 파트너 박사무장과 함께 사건 현장에서 용의자의 혐의를 벗길 결정적 증거를 확보한다. "지금부터 이 사건의 주인공은 나다" 재판당일, 사사건건 부딪히는 후배 검사 진선민의 반론에 맞서 조목조목 반박하는 변호성. 언제나 그렇듯 승리를 확신하는 순간, 용의자가 자신이 피해자를 살해했다고 자백한다. 갑작스러운 자백에 판세는 뒤바뀌고, 변호성은 승소를 위해 증거를 조작했다는 의혹과 함께 인생 최대의 위기를 맞게 된다. 승소를 확신한 순간, 시작된 반전 자존심 구긴 에이스 변호사의 통쾌한 반격이 시작된다.

세상을 바꾼 변호인 (2019, 120분)

남녀 차별이 당연시되던 시대에 태어난 '긴즈버그'는 1950년대 하버드대학교 로스쿨에서 전체 학생의 단 2%에 해당하는 9명의 여학생 중 한 명으로서 수석 졸업을 하고 두 아이를 키우며 법대 교수가 된다. 그리고 1970년대, 우연히 남성 보육자와 관련된 한 사건을 접하게 된다. 긴즈버그는 이것이 남성의 역차별 사건이며 성차별의 근원을 무너뜨릴 수 있는, 50년 전쟁의 포문을 열 열쇠임을 직감한다. 모두가 도저히 이길 수 없는 싸움, 패배가 확정된 재판이라 말렸지만 긴즈버그는 남편과 딸의 지지에 힘입어 178건의 합법적 차별을 무너뜨릴 세기의 재판에 나서게 된다. 세상을 바꿀 위대한 용기, 모두의 평등을 위한 결정적 반전이 시작된다.

변호인 (2013, 127분)

세금 전문 변호사로 승승장구하던 송우석은 부산 학림사건 변호를 통해 인권 변호사가 됐고 공안사건과 노동쟁의 변호사로 활동을 시작한다. 처음엔 소시민적인 데다 속물적인 모습을 보여 운동권 학생들을 '공부하기 싫어서 데모하는 것'이라고 비난했다. 그러던 어느 날, 자주 가는 단골 국밥집 사장 최순애가 찾아오더니 자신의 아들 박진우가 한 달 동안이나 행방불명 된 것도 모자라 국보법 위반 혐의로 체포되어 재판을 받게 됐다고 한다. 그래서 구치소에 찾아갔는데 법을 앞세워 면회를 허가해주지 않는다며 같이 가달라

고 부탁했다. 이때 우석은 선약이 있었던지라 선약부터 해결한 다음 들어주겠다고 했지만, 순애의 애원을 외면하지 못하고 결국 그녀와 같이 진우 면회를 가주기로 한다. 그런데 접견실에 나타난 진우의 상태는 어딘가 이상했다. 정신 나간 사람처럼 똑같은 말만 되풀이하기도 하고, 등에는 시커먼 멍 자국이 가득한 것이었다 이를 본 순애는 교도관이 진우를 때렸다고 생각해 그와 멱살잡이를 시작했고 우석 또한 단박에 그가 심한 구타를 당했다는 걸 눈치챘고 누가 때린 거냐고 물었다. 하지만 교도관들이 들어오더니 순애와 우석으로부터 진우를 떼어놓고 강제로 끌고 가버렸다. 이후 단단히 충격을 받은 우석은 자신이 진우의 담당 변호사가 되기로 결심했다. 그리고 재판을 하는 동안 그간 속물적이고 소극적이었던 우석은 전과는 달라지기 시작한다.

국가별 변호사 제도

◆ 미국

미국에는 로스쿨을 나와서 변호사 자격시험(Bar exam)을 쳐서 합격하면 법정변호사(Barrister)가 되어 변호사 협회(Bar Association)의 회원이 된다. Solicitor 제도는 없다. 변호사 업무의 다양화에 따라 사실상 법정 출석 없이 법률사무 중심의 사무변호사 업무가 미국 변호사의 주 업무이고 대다수를 차지한다.

법학사 학위를 가진 경우, 1년짜리 LLM 과정을 통해 미국 변호사시험 응시기회를 얻을 수 있다. 영국, 캐나다, 호주 등 영미법계 법학부를 졸업한 사람들에게는 1년짜리 LLM 과정 없이도 미국 변호사시험 응시 기회를 준다. 독일, 프랑스, 이탈리아, 대한민국, 스페인, 러시아, 중국, 대만, 일본 등 대륙법계 법학사 학위를 가진 경우, 1년짜리 LLM 과정 후 미국 변호사시험에 응시할 수 있다.

◆ 일본

일본에는 법과대학이 존재한다. 또한 로스쿨제도가 2004년 도입되었지만, 여전히 로스쿨에 진학하지 않고도 예비시험을 치러 법조인이 될 수 있다. 예비시험에 대한 선호도가 높다. 로스쿨 또한 2년제 법학기수자 코스와 3년제 법학미수자 코스가 있으며, 법과대학을 졸업하였으나 예비시험에 통과하지 못한 경우 2년제 법학기수자 코스에 진학

하는 경우가 많다. 비법학사 출신이거나 법학사 출신이라도 법학기수자 코스 시험에 불합격할 경우, 법학미수자 코스를 통해 3년제 로스쿨에 진학한다.

법정변호사(Barrister)와 사무변호사(Solicitor)가 있다. 사무변호사는 다룰 수 있는 법률 업무에 제한이 있다. 일본에서는 법정변호사만 변호사로 부르며, 사무변호사는 사법서사라 한다. 일본의 사무변호사인 사법서사는 민사소송에 있어 법정 구두변론을 위한 소송대리권이 있다.

◆ 영국

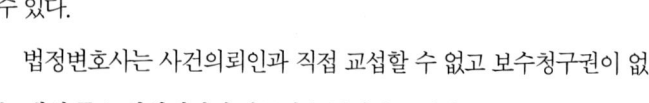

　　고등학교 졸업 후 3년 과정의 법과대학에 입학하여 공부하게 되며, 졸업 후에는 법정변호사(Barrister)와 사무변호사(Solicitor)를 선택할 수 있다.

　　법정변호사는 사건의뢰인과 직접 교섭할 수 없고 보수청구권이 없는 대신 주요 법원에서의 변론권을 독점하고 있다.

　사무변호사는 업무영역에 제한이 없고 세금·행정, 특허, 재산의 관리, 부동산 이전업무 등의 모든 법률사무를 담당한다. 영국의 사무변호사(Solicitor)는 1심 지방법원의 소송대리권(법정 변론권)을 가지고 있었으나, 연수 등 자격요건을 갖추었을시 법정변호사(Barrister)로 등록 및 활동할 수 있게 됨에 따라, 사실상 영국의 법조직역은 통합화가 되었다.

◆ 프랑스

　프랑스도 법정변호사와 사무변호사로 법조직역이 이원화되어 있었으나, 법조일원화 정책에 의해 법조직역이 일원화로 통합되었다.

　프랑스의 법조인 양성루트는 다양하다.

　1. 국립사법관학교 졸업을 통한 사법관 임용

　2. 변호사연수원 수료 및 변호사시험 합격을 통한 변호사자격 취득

　3. 법학교수와 같은 법학전문직 경력자에 한하여 이루어지는 신청에 의한 변호사 자동자격부여제도 및 사법관 파견제도에 의한 사법관 임용

◆ 독일

　　고등학교 졸업 후 학부체제인 법과대학에서 7학기 이상 수학하면 국가시험을 볼 수 있는 자격이 생기며, 1차 시험에 합격하면 Referendar로서 2년여의 실무수습을 받고 이후 2차 시험에 응시하고 합격하면 변호사가 된다(Volljurist).

　　독일의 변호사는 자격인가 및 소속인가를 얻어야 비로소 개업할 수 있는데, 자격인가는 개업을 희망하는 주의 법무부에서 행하고, 이후 특정법원에 의한 소속인가를 받으면 인가받은 고등법원관내에서 활동할 수 있게 된다.

◆ 캐나다

　캐나다도 법정변호사와 사무변호사인 독립 법무사가 존재한다.

◆ 기타 국가

　뉴질랜드와 오스트레일리아에는 법과대학과 로스쿨이 공존한다. 뉴질랜드와 오스트레일리아에서는 lawyer라고 말하면, barrister와 solicitor를 모두 포함하는 뜻이다. 즉, 법정변호사와 사무변호사가 나뉘어 있다.

　홍콩에서는 barrister를 대율사(大律師), solicitor를 율사(律師)라고 부른다. 법과대학과 로스쿨은 같은 수업을 듣고 졸업한다. 따로 변호사시험은 없다.

출처: 위키백과

 # 생생 인터뷰 후기

⊙ 저자 홍승재

무엇보다 먼저 바쁜 와중에도 흔쾌히 인터뷰에 응해 주신 김은지, 김효전, 안민지, 윤영석, 홍승은 변호사님께 진심으로 다시 한번 감사드립니다. 저의 이런저런 요청에도 모든 변호사님께서 너그러이 잘 협조해주셔서 원만히 인터뷰를 마칠 수 있었던 것 같습니다.

변호사님들을 인터뷰 하면서 한편으로는 걸어온 길들이 조금씩 다르고, 현재 담당하고 있는 업무도 조금씩 다르지만, 변호사가 되기 위하여 치열하게 살아왔고, 현재 변호사로서 각자의 분야에서 진정한 프로로서 열심히 살고 있다는 공통점을 갖고 있다는 것을 느낄 수 있었습니다.

다양한 영역에서 법률전문가로서 활동하고 계신 멋진 변호사님들을 인터뷰 할 수 있어서 참으로 행복했습니다.

개인적으로는 제 이야기도 책에 담아보는 것이 어떻겠냐는 주식회사 캠퍼스멘토 안광배 대표님의 제안으로 셀프 인터뷰도 진행하다 보니 자연스레 오랜만에 저의 어린 시절부터 지금까지를 돌아볼 수 있었던 값진 시간이었습니다.

지금의 제가 존재할 수 있도록 한결같이 조력해주신 부모님께 감사한 마음도 새삼 되새길 수 있었습니다.

인터뷰를 진행하면서 변호사가 되기 위하여는 인고의 시간을 거쳐야 하고, 변호사가 되어서도 업무 강도가 대체로 만만치 않지만, 변호사는 전문직으로서 정말 여러모로 장점·매력이 많은 직업이고, 앞으로는 변호사라는 자격을 토대로 일할 수 있는 영역이 더욱 확대될 것이기 자명하기 때문에 많은 청소년들(학생들)이이 확실한 목표의식을 지니고 사회의 다양한 분야에 기여할 수 있는 변호사를 꿈꾸며 도전하였으면 하는 좋겠다는 바람도 가져 보았습니다.

마직막으로, 저를 비롯한 다양한 분야에서 활동하고 있는 변호사들의 이야기를 책에 담을 수 있는 기회를 주신 주식회사 캠퍼스멘토 안광배 대표님께 감사드립니다.